Evangelisch in Württemberg Band 8

# Evangelisch in Württemberg

Herausgegeben von Ulrich Heckel und Frank Zeeb

# bibliorama auf dem Weg
## Vom Entstehen – Aus der Arbeit – In die Zukunft

Herausgegeben von
Franziska Stocker-Schwarz

EVANGELISCHE LANDESKIRCHE
IN WÜRTTEMBERG

Bibliografische Information der Deutschen Bibliothek:
Die Deutsche Bibliothek verzeichnet diese Publikation in der Deutschen Nationalbibliografie; detaillierte bibliografische Daten sind im Internet über http://dnb.ddb.de abrufbar.

Umschlagmotiv: Daniel Schäfer. Mit freundlicher Genehmigung von Sandra Di Maria, Erlangen, www.sandradimaria.de.

Copyright © 2019, Verlag und Buchhandlung der Evangelischen Gesellschaft GmbH, Stuttgart, Augustenstraße 124, 70197 Stuttgart, Telefon 0711 60100 0, Fax 0711 60 100 76
www.verlag-eva.de

Alle Rechte vorbehalten

ISBN 978-3-945369-77-7

# Inhaltsverzeichnis

Vorwort der Herausgeberin .................................................. 7
Grußwort der Synodalpräsidentin ........................................ 10
Verfasserinnen und Verfasser ............................................... 12

1. **VOM ENTSTEHEN** ........................................................ 13

1.1. *Frank Zeeb*
Vom Bibelmuseum zum bibliorama ................................. 13

1.2. *Susanne Claußen*
Das bibliorama – das bibelmuseum stuttgart.
Die christliche Botschaft in der Gegenwart ....................... 24

1.3 *Jochen Hunger*
Farben im bibliorama – das bibelmuseum stuttgart ........... 32

1.4 *Frank Zeeb*
Grußwort zur Eröffnung der Fachkonferenz
der regionalen Bibelgesellschaften 2016
„Lukas, Lene und du" ...................................................... 41

1.5 *Stefan Hermann*
Das bibliorama – mehr als ein Schaufenster der Kirche
in eine pluralistische Gesellschaft ..................................... 45

1.6 *Susanne Claußen*
Männer und Frauen im bibliorama – 3000 Jahre
Geschichte und die Hoffnung auf Gewaltfreiheit .............. 53

## 2. AUS DER ARBEIT ............................................................ 58

2.1. *Beate Schuhmacher-Ries*
Begegnung im bibliorama ................................................. 58

2.2. *Karina Beck*
Von der Idee zur Ausstellung – am Beispiel der
Sonderausstellung „Im Anfang war das Spiel" ............... 67

2.3 *Franziska Stocker-Schwarz*
„Von der Oberfläche in die Tiefe" – am Modul zu Sara
theologisches Wissen vertiefen .......................................... 76

2.4 *Beate Schuhmacher-Ries / Franziska Stocker-Schwarz*
Drei häufig gestellte Fragen ............................................... 87

2.5 Museumsbegleiterinnen und Museumsbegleiter
haben das Wort .................................................................. 90


## 3. IN DIE ZUKUNFT ........................................................... 93

3.1. *Franziska Stocker-Schwarz / Frank Zeeb*
„Ohne Noah und seine Söhne geht es nicht" –
zu Sintflut, Regenbogen und Tradition ............................ 93

3.2. *Michael Blume / Simone Helmschott*
„Entweder wir werden zusammenleben, oder wir
werden sinken" – die semitische Schrifttradition und ihre
Bedeutung für gesellschaftliches Zusammenleben ........... 101

Verfasserinnen und Verfasser der Testimonials und Statements .. 108

Bildnachweise ............................................................................. 109

# Vorwort der Herausgeberin

*Liebe Leserinnen und Leser,*
seit vier Jahren ist das bibliorama nun eröffnet. Viele Tausend Menschen haben es inzwischen besichtigt. „Unter einem Bibelmuseum habe ich mir etwas Anderes vorgestellt; ich bin positiv überrascht!" so lauten viele Kommentare.

## Bibeln seit 1812 aus Stuttgart

Der offizielle Name des bibliorama lautet „Bibelmuseum der Evangelischen Landeskirche in Württemberg". Es ist eine Einrichtung der Württembergischen Landeskirche in Kooperation mit der Württembergischen Bibelgesellschaft. Viele Stuttgarter erinnern sich noch gerne an das „alte" Bibelmuseum, das die Deutsche Bibelgesellschaft bis 2009 in Möhringen betrieben hat. Schon die Württembergische Bibelanstalt (gegr. 1812) besaß eine große Bibelsammlung, die zunächst im Sitzungszimmer gezeigt wurde. Ausstellungsräume im Bibelhaus in der Christophstraße boten ebenfalls Platz für die wachsende Sammlung.

Jetzt sind diese besonderen Bibeln in der Landeskirchlichen Zentralbibliothek Stuttgart verwahrt. Im bibliorama werden nur wenige ausgewählte Stücke dieser Sammlung gezeigt. Denn das bibliorama ist ein Erlebnis- und Mitmachmuseum. Auf dem Hintergrund des beobachtbaren Traditionsabbruchs[1] wurde folgender Zielgedanke ent-

---

[1] „Engagement und Indifferenz", Kirchenmitgliedschaft als soziale Praxis, V. EKD-Erhebung über Kirchenmitgliedschaft, erschienen März 2014, s. 1.2.2 Prägungen und Haltungen, S. 10f.

wickelt: „Das Bibelmuseum ‚bibliorama' soll die Bibel als Ur-Kunde des christlichen Glaubens anschaulich vorstellen."[2]

Wie bei vielen kulturhistorischen Museen sind „Begegnung und Partizipation" die entscheidenden Stichworte.[3]

Dass die Besucherinnen und Besucher nicht nur einander und den Museumsbegleitern begegnen, sondern mittels der Brücke „biblische Person" den biblischen Inhalten, ist ein bisher einzigartiges Konzept in einem „Bibelmuseum".

## open museum

Im Herzen der Stadt situiert, ist das bibliorama ein „open museum", das schon im öffentlichen Straßenraum mit seinem Evagarten beginnt: „Was macht das Menschsein aus?" Dieser Frage begegnen die Passanten. Wer das bibliorama erkundet, bleibt meistens länger als geplant. So frisch und überraschend werden die biblischen Inhalte präsentiert.[4]

---

[2] Prälat i.R. Ulrich Mack, Quelle: http://www.bibelmuseum-stuttgart.elk-wue.de/presse/meinungen/ulrich-mack/ (eingesehen 08.03.19).

[3] Im September 2016 fand im Lindenmuseum Stuttgart die Fachtagung „2030. Zur Zukunft der Kulturhistorischen Museen" statt. Dr. Claudia Rose vom Ministerium für Wissenschaft, Forschung und Kunst, Baden-Württemberg sprach in ihrem Grußwort über die Herausforderungen, vor denen die kulturhistorischen Museen stehen. Die Museumsarbeit habe sich verändert: „Vom Sammeln und der damit verbundenen Aufgabe der Forschung und dem lehrenden Vermitteln hat sich die museale Aufgabe verändert hin zum dem, dass Bildung mit Erlebnis verbunden sein soll: Begegnung und Kommunikation stünden nun im Fokus des Interesses. Ein Museum solle besucherfreundlich sein und möglichst auch barrierefrei." (Quelle mündlich, F.S.) siehe auch http://www.bundesverband-ethnologie.de/kunde/assoc/15/pdfs/Rein-2030.-Zur-Zukunft-der-Kulturhistorischen-Museen.pdf (eingesehen 23.02.19).

[4] Vgl. dazu auch Franziska Stocker-Schwarz: „Lukas, Lene und Du...". Neue Zugänge zur Bibel im „bibliorama – das bibelmuseum stuttgart", in: Harald Schwillus / Stefan Rhein (Hgg.): Religion – Museum – Bildung, Berlin (erscheint 2019).

*Vorwort der Herausgeberin*

## erfreut und begeistert

Erfreut und begeistert zeigen sich die Einträge im Gästebuch: „Ein Museum, aber überhaupt nicht langweilig!" „Toll, ich muss unbedingt wiederkommen!"

Darüber freue ich mich als Direktorin gemeinsam mit unserem Team sehr. Allen, die sich für und im bibliorama einsetzen (nicht zuletzt für dieses Buch als Autoren, im Verlag oder in der Assistenz), sei herzlich gedankt.

Unser Ziel ist, dass Menschen mit strahlenden Augen weiterziehen: Das Wort der Bibel, museal umgesetzt, sozusagen dreidimensional aufgeschlagen, bringt Leben, Hoffnung und Licht.

*Pfarrerin Franziska Stocker-Schwarz*
Leiterin Württembergische Bibelgesellschaft –
Direktorin des bibliorama – das bibelmuseum stuttgart

Partner der Deutschen Bibelgesellschaft

# Grußwort der Synodalpräsidentin

„Das Wort Gottes bleibt in Ewigkeit."

„Das Wort Gottes bleibt in Ewigkeit", so lautet seit der Reformationszeit das Motto der evangelischen Kirche in Württemberg. Es verweist einerseits auf Jesus als das menschgewordene Gotteswort, das unser Leben verändern will und andererseits auf die Bibel als die schriftliche Quelle unseres Glaubens.

Das Vertrauen in die Botschaft der Bibel ist die Grundlage unseres Glaubens. Seit der Reformation wurde das Bibellesen in Württemberg auf vielfältige Weise gefördert. So hatte die Einführung des Schulunterrichts das Ziel, Mädchen und Jungen das Bibellesen zu ermöglichen.

**Beschäftigung mit der Bibel – Kennzeichen württembergischer Frömmigkeit**

Durch den Pietismus wurde die individuelle und gemeinschaftliche Beschäftigung mit der Bibel zu einem Kennzeichen württembergischer Frömmigkeit und bis heute sind Bibel- und Hauskreise wesentliche Säulen unserer kirchlichen Arbeit.

Doch in jeder Zeit gilt es die Freude und das Interesse an der Bibel neu zu wecken.

Der Landessynode war es ein großes Anliegen, in der Bibelstadt Stuttgart einen Ort zu schaffen, an dem junge und alte Menschen die Erfahrung machen können, dass die Botschaft der Bibel auch sie persönlich betrifft.

*Grußwort der Synodalpräsidentin*

## Das bibliorama will zu einem Weg mit Gott einladen

Das bibliorama ist kein traditionelles Museum, sondern hier werden biblische Personen und ihre Geschichten in Bezug zur Lebenswelt der Besucher gebracht. Das bibliorama möchte biblische Geschichten nicht nur erzählen, sondern sie greifbar, hörbar und fühlbar machen. Es will die Besucher mit all ihren Sinnen erreichen und damit auch deutlich machen, dass Gott uns als ganze Person bejaht und zu uns in Beziehung treten will. Es will zu einem Weg mit Gott einladen.

## Auch in Zukunft immer wieder neue Wege

Um diese Einladung in die heutige Zeit zu übersetzen, muss das bibliorama auch in Zukunft immer wieder nach neuen Wegen suchen, um die Menschen zu erreichen und mit ihnen auf dem Weg in Gottes Ewigkeit zu bleiben.
   Dafür wünsche ich Ihnen Gottes Segen!

*Inge Schneider*
Präsidentin der 15. Landessynode der Evangelischen Landeskirche in Württemberg

# Verfasserinnen und Verfasser

Karina Beck, Pfarrerin, bibliorama – das bibelmuseum stuttgart
Dr. Michael Blume, Religionswissenschaftler, Beauftragter der Landesregierung Baden-Württemberg gegen Antisemitismus
Dr. Susanne Claußen, Büro für Religionen und Kulturen in Wiesbaden; Leiterin der Fachstelle Bildung im Dekanat Wiesbaden
Stefan Hermann, Pfarrer, Direktor des ptz (Pädagogisch-Theologisches Zentrum) in Stuttgart-Birkach
Simone Helmschrott, Referentin im Staatsministerium Baden-Württemberg
Jochen Hunger, Museum & Exhibition Design, Erlangen
Inge Schneider, Lehrerin, Präsidentin der 15. Landessynode der Evangelischen Landeskirche in Württemberg
Beate Schuhmacher-Ries, Religions- und Museumspädagogin, bibliorama – das bibelmuseum stuttgart
Franziska Stocker-Schwarz, Pfarrerin, Leiterin Württembergische Bibelgesellschaft; Direktorin bibliorama – das bibelmuseum stuttgart
Kirchenrat Dr. Frank Zeeb, Pfarrer, Referatsleiter für Theologie, Kirche und Gesellschaft im Evangelischen Oberkirchenrat Stuttgart

# 1. Vom Entstehen

## 1.1 „Vom Bibelmuseum zum bibliorama"

*Frank Zeeb*

### Geschichte der Bibelmuseen in Stuttgart

Bibelmuseen haben eine lange Tradition, die mindestens auf das 19. Jahrhundert zurückgeht. Zumeist wurden Bibelmuseen in der Trägerschaft von Bibelgesellschaften veranstaltet. Sie bildeten damit den äußeren Darstellungsrahmen der Arbeit der jeweiligen Bibelgesellschaft. Mindestens auch dienten sie dazu, im Sinne dessen, was heute gerne als „Infotainment" bezeichnet wird, das geneigte Publikum für die Arbeit der Bibelgesellschaft zu interessieren.

In Stuttgart selbst hatte die Württembergische Bibelgesellschaft (seit 1812 als „Privilegierte Württembergische Bibelanstalt") immer das Nebeneinander zur Bibelsammlung der Regenten, die heute in der Württembergischen Landesbibliothek verortet ist. Daher konnte es von Anfang an nicht das Hauptanliegen sein, Bibeln zu sammeln und auszustellen, vielmehr wollten die Bibelmuseen in Stuttgart stets die Bibel nicht nur als Buch darstellen, sondern sie in ihrem Bezug sehen.

Das vermutlich erste Bibelmuseum in Stuttgart befand sich in der Hauptstätter Straße am Rande des Stadtzentrums. Hier wurden ab der Mitte des 19. Jahrhunderts neben Bibeln Objekte aus den verschiedenen Kulturen ausgestellt. Der didaktische Ansatz war also, die Arbeit mit der Bibel – die damals vor allem in der Übersetzung der Bibel in die Sprachen und Völker der Welt bestand – in den jeweiligen Kontext der Rezipienten in der Zielsprache einzuordnen. Neben die

Bibeltexte als Grundlage des Glaubens (mindestens in Teilen der württembergischen Bibelfrömmigkeit galten die Texte damals noch als verbalinspiriertes Wort Gottes) trat also die Wahrnehmung der Leserinnen und Leser, der Hörer des verkündigten Wortes. Man kann insoweit von einem Paradigmenwechsel sprechen, der auch mit der Wende von der Orthodoxie zu dem Nebeneinander von liberaler Theologie und Pietismus zusammenhängen mag, der sich parallel und in den beiden Generationen zuvor auch in Württemberg vollzogen hatte: Der Pietismus legte Wert darauf, dem unerreichten Menschen in seiner jeweiligen Situation die Frohe Botschaft auszurichten und hatte deswegen eine Nähe zur Weltmission. Die liberale Theologie ging demgegenüber eher vom Bewusstsein des Menschen aus, der in der Bibel Antwort auf seine religiösen „Gefühle" und Lebensfragen sowie Handlungsleitlinien sucht. Im Bibelmuseum wurde also dargestellt, wie sich die Arbeit mit der Bibel für die Menschen in den bislang nicht evangelisierten, fernen Weltgegenden gestaltet; der Grundhorizont der Bibeldidaktik war die Weltmission. Die Identifikationsfiguren für die Besucherinnen und Besucher waren die Menschen in den Missionsgebieten, sowohl die Missionarsfamilien als auch die „Eingeborenen", wie man damals sagte.

Nach der Vereinigung der Württembergischen Bibelanstalt mit den Rechtsnachfolgern der westfälischen „Cansteinschen Bibelgesellschaft" (1975) und dem Aufgehen in der Deutschen Bibelgesellschaft wurde erneut die museale Arbeit in die Wege geleitet. Im Bibelhaus in Stuttgart-Möhringen wurde ab 1982 das Bibelmuseum eröffnet. Hier ging es vor allem darum, die Bibel in ihren wissenschaftlich-theologischen Kontext zu stellen, man kann dieses Bibelmuseum mit einem gewissen Recht als ein historisches Museum bezeichnen. Neben den Bibeln selbst (z.B. die kleinste Bibel der Welt, die nur unter dem Mikroskop zu lesen ist), wurden bevorzugt Exponate ausgestellt, die die Umwelt und Entstehungsgeschichte der Bibel und ihrer Verbreitung beleuchten. So erinnern sich viele ehemalige Konfirmandinnen und Konfirmanden noch an das Nomadenzelt, in dem die alttestamentlichen Wüstenerzählungen anschaulich werden konnten und an die Druckerpresse, durch die sinnfällig die große Leistung des Buchdrucks für die Verbreitung der Heiligen Schrift gezeigt wurde. Insgesamt war also der Denkhorizont die biblische Geschichte, die theologische, vor allem historische, Wissenschaft und die Wirkungsgeschichte, wenngleich die persönliche Identifikation als Angebot im Blick war, jedoch noch nicht als ausgebaute Leitlinie. Identifikation wurde indirekt ermöglicht, indem man sich in die Lebenswelt der biblischen Geschichte einfühlen konnte.

## Neuansatz

Der Ansatz des Möhringer Bibelmuseum geriet am Ende des ersten Jahrzehntes des 21. Jh. in eine spürbare Krise. Zum einen war die Ausstellung in die Jahre gekommen, zum anderen schien sie vielen postmodernen Menschen – insbesondere den Jugendlichen und Konfirmationsgruppen – nicht mehr attraktiv, da Lebensrelevanz zwar implizit vorausgesetzt wurde, jedoch einer individualisierten Gesellschaft („muss ja jeder selber wissen, was er glaubt") nicht mehr unmittelbar einsichtig gemacht werden konnte. Der etwas abgelegene Ort trug dazu bei, dass man das Bibelmuseum bewusst aufsuchen musste, was hauptsächlich kirchliche Gruppen taten. Damit wurde das Bibelmuseum endgültig zu einer fast rein binnenkirchlichen Angelegenheit. Finanzielle Schwierigkeiten kamen hinzu, so dass mit Ablauf des Jahres 2009 das Bibelmuseum von der Deutschen Bibelgesellschaft geschlossen wurde.

Da für einen Relaunch des Ansatzes in der Bibelgesellschaft die Ressourcen nicht vorhanden waren, kam ein Anstoß aus der Landessynode. Hier wurde im Lauf des Jahres 2008 der Wunsch laut, an die Tradition der Bibelmuseen anzuknüpfen. Die Kriterien, die aus der Landessynode namhaft gemacht wurden, waren:

- Struktur: Anbindung direkt an die Landeskirche
- Ansatz: Erlebnispädagogischer Ansatz
- Ziel: Menschen in ihrer Lebenswelt mit der biblischen Botschaft ins Gespräch zu bringen
- Ein Standort in der Stuttgarter Innenstadt

Auf Seiten des Oberkirchenrates wurde das Dezernat 1 mit der Ausarbeitung eines Konzeptes betraut, die Zuständigkeit im Dezernat wurde mir kurz nach meinem Dienstantritt im Januar 2009 übertragen.

Aufgrund der gegebenen Voraussetzungen und Erwartungen wurde mir schnell klar, dass ein landeskirchliches Bibelmuseum in einem solchen Setting einer völlig neuartigen Konzeption bedarf. Auszugehen ist nicht mehr von einem klassischen historisch-musealen Ansatz, der zudem auch in der neueren Museumsdidaktik kaum mehr vertreten wird. Kognitive Elemente sollen zurücktreten, zwar soll ein hohes Niveau geboten werden und die Inhalte müssen auf dem Stand der jeweiligen wissenschaftlichen Erkenntnisse sein, jedoch liegt das Ziel nicht im Vermitteln von Sachkenntnissen, sondern in der persönlich-existentiellen Auseinandersetzung mit den Inhalten der Bibel.

Ein Nebenproblem war zudem die Frage der Zielgruppen: Neben den bisherigen kirchlichen Gruppen (in Marketingsprache: „cash cow") müssen bei einem Museum in der Innenstadt auch Einzelbesucher in den Blick genommen werden, m.a.W. das Museum muss sowohl als geführte Gruppe als auch von Einzelpersonen ohne Anleitung mit Gewinn besucht werden können. Zudem war damit zu rechnen, dass neben die bisherigen Gruppen – vor allem Kinder und Jugendliche – eine Spreizung in verschiedene Alters- und Bildungsschichten eintritt, die sich mit dem Museum auseinandersetzten – das Bibelmuseum war also auch als selbstbewusster Teil der Stuttgarter Museumslandschaft zu konzipieren.

Ferner war mir – neben dem konstruktivistischen Ansatz eines selbstbestimmten Lernens – wichtig, dass Führungen möglichst im Sinne einer „education by peers" geschieht, also z. B. Jugendliche, soweit möglich, durch Jugendliche geführt werden, mit denen sie Sprache und Lebenswelt teilen.

## Erste Schritte

- Das Kollegium des Oberkirchenrates hat sich in der ersten Hälfte des Jahres 2009 grundsätzlich mit dem Anliegen einverstanden erklärt, die damaligen Beschlüsse gingen allerdings von einem wesentlich geringeren Umfang aus, als er sich heute darstellt.
- In der Sommersynode 2009 hat die Landessynode – ungeachtet der zu der Zeit erforderlichen finanziellen Kürzungsnotwendigkeiten – am 03.07.2009 einen Betrag von 1 Mio. Euro für die Konzeption eines Bibelmuseums in der Innenstadt bereitgestellt. Hiervon waren also zu finanzieren:
  - inhaltliche Erarbeitung der Konzeption
  - die Anschaffung von Exponaten, Ausstellungstechnik und die mediale Umsetzung,
  - die bauliche Umsetzung der museumspädagogischen Konzeption (nicht Umbau und Herstellung der Museumsräume selbst).

- Vom Grundsatz her war gedacht, dass die Evangelische Landeskirche in Württemberg das bibliorama nicht als eigene Einrichtung oder gar als Abteilung des Oberkirchenrates betreibt, sondern durch die Württembergische Bibelgesellschaft, die als besondere Abteilung der Deutschen Bibelgesellschaft eine Vermittlerrolle zwischen beiden Institutionen hat. Die Leiterin der Württembergischen Bibelgesellschaft ist als württembergische Pfarrerin zur Deutschen Bibelgesellschaft freigestellt, sie hat dort als wesentlichen Teil ihres Dienstauftrages die Aufgabe der Direktorin des bibliorama, die Verwaltung des Bibelmuseums erfolgt – wie bei anderen landeskirchlichen Einrichtungen – teils durch die VLDI (Verwaltung Landeskirchlicher Dienststellen in der Innenstadt), teils durch die Mitarbeitenden in der Geschäftsstelle Dezernat 1. Dies spiegelt die Ordnung des bibliorama wider, wie sie durch den Oberkirchenrat erlassen wurde (vgl. FN 1 auf S. 68).
- Als nächster Schritt war ein Standort zu suchen: Der erste Gedanke, den großen Saal im 1. Stock des CVJM-Gebäudes zum Bibelmuseum umzuwidmen, stieß auf erhebliche Schwierigkeiten sowohl baurechtlicher als auch museumsdidaktischer Art (Orte und Zeiten der Nutzung), auch wäre die Arbeit des CVJM in wesentlichen Teilen so nicht mehr möglich gewesen. Weitere Standorte – vor allem Kirchengebäude der Gesamtkirchengemeinde Stuttgart und der Evangelisch-Methodistischen Kirche – wären zwar möglich gewesen, aber auch hier hätte man mit Einschränkungen rechnen müssen. Zudem war der Standort in allen Fällen nicht so attraktiv – die direkte Nähe zur S-Bahn war ein großes Plus, es gab sogar erste Verhandlungen mit dem Verkehrsbetrieb über eine Erweiterung des Haltestellennamens in „Stadtmitte / Hospitalviertel (Bibelmuseum)". Nach längeren Verhandlungen konnte dann mit dem

*Vom Entstehen*

CVJM ein Mietvertrag über 25 Jahre geschlossen werden, der die gegenwärtigen Räume zum Gegenstand hat.
- Mit der Entscheidung für den Raum war gleichzeitig eine Entscheidung über Kooperationen getroffen: Die evangelischen Einrichtungen in der direkten Umgebung (CVJM, Hospitalhof und Hospitalkirche, Evangelische Gesellschaft, Buchhandlung und Johannes-Brenz-Schule) sind im Lauf der Zeit in verschiedener Weise mit dem Bibelmuseum in Kooperationen getreten, die sich nach meinem Eindruck für alle Partner als fruchtbar und nutzbringend erweisen.

Weitere Grundsatzentscheidungen waren schon in dieser Phase klar:
- Zum einen sollte es einen Museumsshop geben. Dies hat sich im Lauf der Zeit als nicht realisierbar erwiesen, da die steuer- und wirtschaftsrechtlichen Anforderungen und der Betreuungsbedarf den Nutzen weit übersteigen. Daher lassen sich nur wenige Andenken im bibliorama selbst erwerben, für Bibeln und weitere Literatur bestehen Bezugsmöglichkeiten in der gegenüberliegenden Buchhandlung des Evangelischen Jugendwerks in Württemberg.
- Zum anderen war wichtig, dass es ein Café als Begegnungsort geben muss. In diesem können sich Menschen nach dem Museumsbesuch zusammensetzen, aber auch Menschen aus dem Stadtleben finden hier Gelegenheit, sich niederschwellig in die Sphäre des bibliorama zu begeben. Durch nichtverbale Signale wie Raumgestaltung etc. werden sie hier im Sinne eines „Pro-fanum" in ein Nahraumverhältnis zur Kirche und ihrer Botschaft gebracht. Zwischen „kirchlichen" und nichtkirchlichen Gästen kann so Begegnung und Gespräch geschehen – auch auf diese Weise wirkt das bibliorama in den säkularen Raum.

## Umsetzung

Eine erste Denkgruppe bestand aus Vertretern der Deutschen Bibelgesellschaft und des Oberkirchenrates, erweitert durch ein, zwei Menschen aus der Landeskirche mit Interesse an der Museumsarbeit. Diese entwickelten erste Ideen. Bald wurde indessen deutlich, dass die Aufgabe nicht „mit Bordmitteln" zu stemmen ist.

Entscheidenden Aufschwung nahm das Vorhaben, als die Raumfrage abschließend geklärt war und die Gremien den mutigen Beschluss gefasst hatten, für den Umbau der Räumlichkeiten zusätzlich zu den Konzeptionsmitteln 1,9 Mio € zur Verfügung zu stellen; und zwar über die Bauzeit hinweg aus Opfermitteln der Kirchengemeinden je 100.000 € jährlich und 1,5 Mio aus Kirchensteuermitteln. Inzwischen lässt sich sagen, dass beide Punkte – Bau und Konzept – fast bis auf den Euro genau im Budget geblieben sind.

Für die Entwicklung des didaktischen Konzeptes konnte Frau Dr. Susanne Claußen gewonnen werden, die als Württembergerin und Pfarrerstochter persönlich und als ausgebildete Religionswissenschaftlerin mit ausstellungsdidaktischem Schwerpunkt wissenschaftlich ein ausgesprochener Glücksfall für das Museum war.

Frau Claußen entwickelte mit der Denkgruppe – unvergessen ein Klausurtag am 19.11.2011 in Echterdingen – das nunmehr vorliegende Konzept: Orientierung an biblischen Personen, an deren Geschichte(n) menschliche Grundsituationen deutlich werden. Die Auswahl der biblischen Personen war von der Beobachtung geprägt, dass eine Vielzahl der beliebtesten Vornamen eben einen biblischen Hintergrund hat. Die biblischen Personen wurden also über das Existential an moderne Menschen gekoppelt (Eva als junge Frau, David als „Popstar" ...), so dass Identifikation über die existentiellen Inhalte und über die Personen möglich ist. Mit einem Schuss Übertreibung könnte man also sagen:

Wir gehen davon aus, dass die Menschen heute dieselben Fragen, Sehnsüchte ... haben wie ihre biblischen Namensvettern und -cousinen. Die Bibel bietet auf der Grundlage des sich und seiner Verheißung treubleibenden Gottes Auseinandersetzungsflächen an, die zur weiteren, eigenen, Bearbeitung des existentiell-anthropologischen Problems anregen – niemand wird im bibliorama „belehrt", aber er geht im Idealfall gestärkt, getröstet und mit neuen Einsichten wieder nach Hause.

Zur Umsetzung wurde dann ein „nichtoffener beschränkter Planungswettbewerb" ausgeschrieben, bei dem sich sieben Anbieter bewarben. Das Preisgericht sprach am 24.06.2013 einer Arbeitsgemeinschaft aus Jochen Hunger, museum and exhibition design, Erlangen / Stuttgart, mit dk Architekten (Axel Dorner), Stuttgart. Die eingereichte Arbeit hat dadurch überzeugt, dass sie einen stimmigen – und an den biblischen Texten selbst, also der Heilsgeschichte orientierten – Durchgang durch die gesamte Bibel von Eva bis zur Offenbarung bietet und weiterführt durch die Kirchengeschichte bis zur Gegenwart. Die persönlichen Erfahrungen der Besucherinnen und Besucher werden schon im Eingangsbereich durch die „Stelen" aufgenommen. Eine der Hauptpointen ist die Einbeziehung des Außenbereichs durch die Darstellung eines „Evagartens" außerhalb der eigentlichen Ausstellung auf der Büchsenstraße – damit werden die Passanten exemplarisch mit der Frage konfrontiert, was Mensch-Sein heißt; biblische Theologie wird so zu einem Diskursangebot für die alltägliche Lebenswelt des städtischen Raumes. Diesem Evagarten entspricht auf der Rückseite der Johannesgarten, der die eschatologischen Erwartungen aufnimmt – die kosmischen Größen Urbild und Abbild, Schöpfung und Vollendung, Anfang und Endzeit werden also bewusst außerhalb des „intra muros" des Museumsraumes gestellt, der die Immanenz der Geschichte zum Thema hat. Ferner ist die Ornamentfassade ein städtebauliches Glanzlicht, das das bibliorama auch optisch zu einem „Hingucker" im Sozialraum macht. Medial und didaktisch arbeitet der Entwurf mit modernsten Methoden und Medien, er ermöglicht nicht nur eigene Erkenntnisbildung, sondern eröffnet vor allem Erfahrungshorizonte und gibt den Besucherinnen und Besuchern die Gelegenheit zu interaktivem Handeln, auch über das Internet.

Eine museumsdidaktische Konzeption konnte dann parallel zur Bau- und Realisierungsphase entwickelt werden, als das Team feststand. Mithilfe der Kontakte von Direktorin Franziska Stocker-Schwarz entwickelte vor allem Frau Beate Schuhmacher-Ries auf der Grundlage der museumsdidaktischen Grundüberzeugungen ein Konzept für Schulungen für Führungen durch „Ehrenamtliche". Inzwischen gibt es ca. 40 Ehrenamtliche, die eine Vielzahl von Führungen mit unterschiedlichen Schwerpunkten für weitgespreizte Zielgruppen anbieten – von Kindergartenkindern bis zu Leitungspersonen im Kultusministerium, um die Bandbreite anzudeuten. Unter den Mitarbeitenden ist inzwischen eine richtige Community entstanden, auch ein Förderverein hat sich mittlerweile gegründet.

Parallel dazu wurde mit der Erkenntnis Ernst gemacht, dass eine Ausstellung heutzutage nur marktgängig ist, wenn sie sich beständig weiterentwickelt. Dies gilt sowohl für die Dauerausstellung (Neukonzeptionierung des Sophia-Moduls; jetzt neues Modul „Noah") als auch für die ständig wechselnden Sonderausstellungen.

Seit der Eröffnung des bibliorama – rechtzeitig zum Stuttgarter Kirchentag – am 13. Mai 2015 mit einem Gottesdienst durch die Mitarbeitenden, den damaligen Prälaten Ulrich Mack, mich als zuständigem Referatsleiter und Konfirmandengruppen aus der Stuttgarter Stiftskirche und Stuttgart-Zazenhausen, die dabei „ihr" Bibelmuseum in Besitz nahmen, hat sich das bibliorama zu einer festen Größe im Leben der Landeshauptstadt Stuttgart und der Museumslandschaft entwickelt.

Materialiter liegen wir bei durchschnittlich fast 1000 Besucherinnen und Besucher im Monat, damit ist das kleine bibliorama doch regelmäßig unter den „top twenty" der Stuttgarter Museen, der immaterielle Ertrag an Gesprächen, Lebenshilfe, Glaubensstärke ist natürlich nicht messbar, aber sicherlich jeden Aufwand wert.

Worte reichen nicht hin, allen Beteiligten in den letzten 10 Jahren zu danken für ihr Engagement bei Planung, Realisierung, Betrieb und Weiterentwicklung des bibliorama. Ich schließe daher mit dem lateinischen Wunsch *ad multos annos* – „auf viele weitere Jahre" und dem Motto, mit dem die Ordnung des bibliorama überschrieben ist und das bibliorama in die Tradition der von der Reformation Johannes Brenz geprägten Landeskirche stellt: *Verbum Dei manet in Aeternum* – „das Wort Gottes bleibt in Ewigkeit" – was sonst könnte eine Kirche des Wortes leiten?

## 1.2 Das bibliorama – das bibelmuseum stuttgart

Die christliche Botschaft in der Gegenwart

*Dr. Susanne Claußen*

### Vermittlungsweg Bibelausstellung

Die ewig gültige Frohe Botschaft immer wieder neu für die kurzlebige Gegenwart zu verkünden – dies ist seit Jahrhunderten die Aufgabe der christlichen Kirchen. Besonders intensiv arbeiten sie am Text selbst und mit Worten, aber auch andere Vermittlungsformen haben eine lange Tradition: Musik, bildende Kunst, Theater. Ausstellungen hingegen sind ein verhältnismäßig junges Medium für die Vermittlung biblischer Botschaften. Genau an dieses Medium wagten sich mehrere Männer und Frauen mit dem bibliorama, das als Kooperation der Evangelischen Landeskirche in Württemberg und der Württembergischen Bibelgesellschaft am 13.05.2015 im Gebäude des CVJM in Stuttgart eröffnen konnte. Es erzählt in seiner Dauerausstellung die Geschichte der Bibel sowie Geschichten aus der Bibel und soll einen doppelten Auftrag erfüllen: Bildung und Verkündigung. Informationen über die Bibel, ihre Entstehung und Überlieferung werden für ein breites, diverses Publikum auf zeitgemäße Weise zugänglich gemacht.

### Momentaufnahmen aus dem Leben

Die doppelte Aufgabe, Bildung und Verkündigung, wird in einer Dauerausstellung angestrebt, die anhand biblischer Personen gegliedert ist. Statt traditioneller Reihen werden diejenigen biblischen Personen präsentiert, die heute die beliebtesten Namenspaten für Neugeborene

*Vom Entstehen*

sind, ergänzt durch Mose und Martin Luther, weil sie von so großer Bedeutung sind. Das bibliorama zeigt daher Inszenierungen zu – in biblischer Reihenfolge – Eva, Noah (der aktuell ergänzt wird), Sara, Mose, David, Elia und Jona, Sophia, Maria, Johannes dem Täufer, Lene, Lukas, Peter und Paul, Johannes (dem Seher von Patmos) und Martin. Eva und der Johannes der Apokalypse haben jeweils einen eigenen Garten, die anderen sind im Museumsinneren untergebracht.

Zu allen aufgezählten Personen fanden intensive Auswahlprozesse statt. Anstatt eine möglichst umfassende oder bunte Sammlung verschiedener Geschichten und Artefakte zu jeder Figur zu zeigen, wurde aus dem, was in der Bibel über sie erzählt wird, ein Moment herausgeschält, der besonders typisch oder besonders entscheidend ist, und der als Modell für die Lebensthemen der Besucherinnen und Besucher taugt. Dieser Moment bestimmt das gesamte Modul. Sara etwa be-

Stelen am Empfang.

gegnet den Besucherinnen und Besuchern des bibliorama an einem Morgen, an dem sie mit Abraham nach einem Zwischenstopp wieder weiterziehen soll, aber gerade herausgefunden hat, dass sie schwanger ist. Aufbruch und Neubeginn als Momentaufnahme in ihrem Leben sind die Themen, die auch im Leben der Besucherinnen und Besucher eine Rolle spielen können. Kern dieser Momentaufnahmen aus dem Leben der biblischen Personen sind darum Texte, in denen sie von sich selbst erzählen und sich direkt an die Besucherinnen und Besucher wenden: „Ich, Sara...", „Ich, Lukas...", „Ich, Maria...".

Diese Momentaufnahmen werden dann mit anderen Themen intensiviert und gerahmt. Bei Sara etwa wird das Thema „Aufbruch" in Geschichte und Gegenwart weiterverfolgt. Die Momentaufnahme bestimmt des Weiteren die gesamte Gestaltung – bei Sara beispielsweise erinnert das Modul an ein Zelt, dessen Inneres in „Wüstenfarben" gehalten ist, und in dem man Spuren im Sand hinterlassen kann.

## Herausforderungen

Mit dem bibliorama hat die Evangelische Landeskirche Württemberg ein mutiges, ungewöhnliches Projekt realisiert. Es antwortet auf Herausforderungen der Gegenwart, die ich im Folgenden skizzieren will.

## Sinneseindrücke

„Das Wort sie sollen lassen stahn" – das berühmte Lutherzitat, das auch im bibliorama zu finden ist, können wir an dieser Stelle einmal augenzwinkernd missverstehen und sagen: Worte allein genügen nicht mehr! Dass wir täglich einer Bilderflut, ja, einer Reizüberflutung ausgesetzt sind, ist ein Allgemeinplatz, den ich genauer ausführen will: Religionen, Riten leben auch davon, dass während ihrer Ausübung andere Sinnesreize als im Alltag zur Geltung kommen. Besondere Düfte, ein Wechsel von Dunkelheit und strahlenden Lichtern, Stille oder besondere Klänge kontrastieren mit dem Geruch des Alltags, mit dem gleichmäßigen Licht der Schreibtischlampe und dem Straßenlärm des Alltags. Allerdings werden heute die starken Sinneseindrücke heute nicht mehr bevorzugt in Kirchen und Gottesdiensten geboten. Um sich das vor Augen zu führen, denke man an Weihnachten und versetze sich ein paar Jahrzehnte in die Vergangenheit. Für viele Kinder dürfte früher der Weihnachtsbaum in der Kirche einer der größten gewesen sein, den sie überhaupt sahen. Der Weihnachtsgottesdienst bekam dadurch automatisch eine gewisse Wertigkeit – jenseits und vor jeder religiösen Inhaltsvermittlung.

Aber heute ist die prächtigste Weihnachtsbeleuchtung in der Regel nicht mehr in der Heimatgemeinde, sondern in der Shopping-Mall zu finden. Das bedeutet nicht, dass Kirche mehr Geld für Glühbirnen ausgeben sollte, ganz gewiss nicht! Aber die Sinneseindrücke, durch die sich der Wert von Religion vorbewusst-sinnlich vermittelt, muss Kirche bewusster und klüger auswählen, als sie es bislang getan hat. Das bibliorama ist ein Versuch in dieser Richtung: Es bietet ungewöhnliche, inhaltlich begründete Sinneseindrücke, die den Besucherinnen und Besuchern die Bibel darum im wahrsten Sinne des Wortes „nahe" bringen.

## Erfahrungsorientierung

Das bibliorama antwortet damit auf eine ähnliche Entwicklung, die schon vor einigen Jahrzehnten eingesetzt hat: die Bedeutung individueller Erfahrung. Die meisten Menschen erwarten von religiösen Sinnangeboten inzwischen, dass sie individuell erfahrbar sein müssen. Klassische Formen gelebter Religion, etwa der „ganz normale" Sonntagsgottesdienst, genügen da oft nicht mehr.[1] So sind inzwischen zahlreiche „Formate" entstanden, die viel Erlebnis und Erfahrung oder Individualität bieten, wie die Kirchentage oder die sich immer stärker diversifizierende, zielgruppenorientierte Arbeit in den Gemeinden. Auch das bibliorama ist ein solches zeitgemäßes Angebot: Die Rückmeldungen der Besucherinnen und Besucher zeigen, dass sie sich von der Laserharfe haben bezaubern lassen, dass sie sich ins Kirchenjahr eintragen, dass sie in vieler Hinsicht selbst aktiv geworden sind – und das sind individuelle Erfahrungen und Erlebnisse, die im Gedächtnis bleiben.

### Gegen Fundamentalismen

„Die Bibel ist die Ur-Kunde des christlichen Glaubens. Sie berichtet von Gottes Handeln an und mit den Menschen in Texten, die nicht nur für Christen zentral sind, sondern unsere Kultur insgesamt bis heute prägen." So begann die Beschreibung der Wettbewerbsaufgabe des Architektenwettbewerbs zur Gestaltung des bibliorama.[2] Die kulturstiftende und kulturprägende Rolle von Bibel, Glaube und Kirche ist unbestreitbar.[3] Dies führt das bibliorama mit zahlreichen Exponaten und Stationen aus der gesamten Geistesgeschichte anschaulich vor: seien es Psalmenvertonungen aus verschiedenen Epochen der Musikgeschichte oder zeitgenössische künstlerische Positionen zu bestimmten Glaubensinhalten, seien es Rechtsphilosophie oder Alltagskultur. Den

---

[1] Hubert Knoblauch: Populäre Religion. Auf dem Weg in eine spirituelle Gesellschaft, Frankfurt am Main 2009.
[2] Beschränkter Realisierungswettbewerb 2013, ausgeschrieben von der Evangelischen Landeskirche in Württemberg.
[3] Grundlegend: Wolfgang Stegemann: Religion als kulturelles Konzept, in: ders. (Hg.): Religion und Kultur. Aufbruch in eine neue Beziehung, Stuttgart 2003, S. 43-69.

Zusammenhang zwischen Religion und Kultur zu betonen, ist heutzutage wichtig, denn religiöse Inhalte brauchen eine Kultur, in der sie gelebt werden. Andernfalls drohen Radikalisierungen und Fundamentalismen. So kann man die Thesen des französischen Politikwissenschaftlers Olivier Roy zusammenfassen.[4] Er führt die weltweit erstarkenden Fundamentalismen letztlich darauf zurück, dass einzelne religiöse Inhalte ihrer soziokulturellen Zusammenhänge entrissen werden und frei, losgelöst, „absolut" global wabern. Sie werden ihrer Zusammenhänge beraubt und können gewissermaßen nackt von beliebigen Personen aufgegriffen und politisch genutzt werden. Da sie in sich teilweise radikal sind, eignen sie sich zur Radikalisierung. Wenn hingegen Kirche, wie im Fall des bibliorama, aktiv Kultur schafft, und ihre Entstehungs- und Wirkungsgeschichte reflektiert, wirkt sie solchen Vorgängen vorbildhaft entgegen.

### Für den Zusammenhalt der Gesellschaft

Bei aller möglichen Individualität im Zugang zum bibliorama halte ich es doch für eine seiner größten Stärken, dass es sich grundsätzlich an alle Menschen richtet. Das ist gegen den Trend einer spezialisierten Museumsarbeit, und auf den ersten Blick scheint es auch ein Widerspruch zum obigen Absatz über die individuelle Erfahrbarkeit zu sein. Aber: Das bibliorama richtet sich, wie das gute alte Parochialprinzip der Kirche, an alle Menschen / alle Kirchenangehörigen. Wie die nach dem Parochialprinzip organisierte Kirchengemeinde muss es zwar die Individualität der Menschen möglichst weitgehend beachten und ernstnehmen, – aber es hat eben auch die Möglichkeit, viele verschiedene

---

[4] Olivier Roy: Heilige Einfalt. Über die politischen Gefahren entwurzelter Religionen, München 2010 (Französische Originalausgabe 2008).

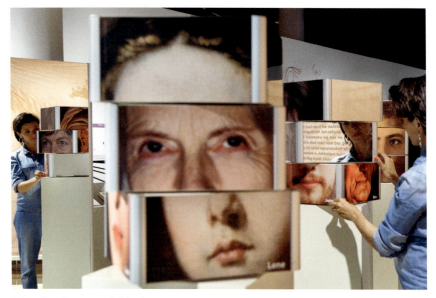

Menschen begegnen biblischen Personen.

Menschen zusammenzubringen. Das ist meines Erachtens eine große Chance. Das bibliorama hat auf diese Weise möglichst viele Zugangs-Barrieren niedergerissen. Es versucht, für möglichst jeden Menschen etwas bereit zu halten, was ihn / sie interessiert oder anregt. So kann im bibliorama nicht nur eine Begegnung mit biblischen Personen stattfinden, sondern es kann auch zu Begegnungen und Auseinandersetzungen zwischen Menschen kommen, mit denen man sonst wenig

> Tabea Dölker
>
> *Einzigartiges, meist gelesenes und übersetztes Buch, die Bibel. Wie viele Menschen haben kaum Gelegenheit reinzuschauen, sich selbst darin zu entdecken? Deshalb das bibliorama, mitten in der Stadt.*

oder nichts zu tun hat. Im besten Falle wirkt die Idee des bibliorama, sich an alle zu wenden, einem Auseinanderdriften der verschiedenen Teile der Gesellschaft entgegen.

Da sich unsere Welt zur Zeit grundlegend verändert, wird sich auch das bibliorama irgendwann wieder neu erfinden müssen. Bislang jedoch bewährt es sich, auch dank des abwechslungsreichen, vielfältigen und intensiven Programms, das das bibliorama-Team bietet. Ich wünsche dem bibliorama, seinen Mitarbeitenden und allen seinen Besucherinnen und Besuchern, dass der Anspruch, die Frohe Botschaft für die Gegenwart neu zu vermitteln, noch lange eingelöst werden wird.

## 1.3 Farben im bibliorama – das bibelmuseum stuttgart

*Jochen Hunger*

Farben haben eine große Bedeutung für uns Menschen. Sie stellen eine Unterscheidung dar, eine Bereicherung, eine Auszeichnung für Dinge, denen wir im Leben begegnen. Und wenn sie im normalen Leben eine Bedeutung haben, dann um so mehr, wenn es um verdichtetes Leben geht – auf der Bühne, im Film, in der Inszenierung einer Ausstellung.

Damit sind wir beim Thema „Farben im bibliorama".

Von Beginn an folgten wir beim Entwerfen einer Spur, die im Konzept der Kuratorin Susanne Claussen angelegt war: Die Bibel sollte exemplarisch entlang der Schicksale ausgewählter Personen aus der Bibel erlebbar werden. Vollkommen offen war, zu welcher Form von Ausstellung dies führen würde. Wir begannen, mit Vorschlägen aus dem uns überlassenen Konzept zu experimentieren. Ein Zelt, ein Baum, ein Feldweg, ein Schiff – ins Museum versetzt, verströmen reale Objekte oft eine Aura des Traurigen. Sie sind aus dem Leben genommen, Staub lässt sich auf ihnen nieder, und was sie im Ausstellungskontext aussagen, ist meilenweit entfernt von ihrer Rolle in der Welt. Denn trägt ein Schiff auf dem Land nicht auch die Botschaft „Ich bin gestrandet, manövrierunfähig, zwecklos"?

Bald war klar, dass die großen, im Museum gestrandeten Objekte wohl helfen würden, die Inhalte zu transportieren. Als gebaute Erzählkerne könnten sie Botschaft und Medium gleichzeitig sein. Um ihnen aber die Tristesse zu nehmen, begannen wir, sie formal zu abstrahieren. Damit kam die Frage nach der Farbe auf, denn ein abstrakter

Baum, der nicht aus der Natur kommt, hat noch keine Oberfläche und wird damit zur Projektionsfläche aller möglichen Phantasien.

Die Farbe wurde noch aus einem anderen Grund wichtig: Da die Grundfläche der Ausstellung begrenzt ist und die Bibel sehr „groß", mussten wir über Form und vor allem Farbe die Grenzen der zehn Themenblöcke vermitteln. Die Ausstellung würde so farbig werden wie sie in die Breite der Bibel ging.

Im ersten Modell hatte Saras nomadisches Zelt die Farbe von Sand, Mose war ein „negativer Berg" und steingrau, Davids königliche Mauern schimmerten golden, der Baum der Propheten Elia und Jona hatte die Farbe von Oliven, das Haus in dem die Weisheit wohnt, war weiß gekalkt, über dem Heiligen Land mit den Personen Johannes, Maria, Magdalena und Lukas spannte sich eine purpurfarbene Klammer, und von dort stach ein nußbaumfarbenes Schiff in See, mit Peter und Paul

Farbenfroh – der Johannesgarten.

an Bord. Von Anfang an bunt leuchtend: Die Glastafeln von Johannes auf Patmos. Material und Farben waren bei ihm naheliegend, denn an dieser Stelle durchbricht die Ausstellung die Glasfassade und erstreckt sich in den Garten, mit der Leuchtkraft eines Kirchenfensters.

Mehr wussten wir im frühen Stadium des Entwurfes noch nicht über Farben. Alle Ausstellungsmodule waren durch Form und Farbe gekennzeichnet, und aus der Vogelschau ergab sich ein stimmiges Bild.

Von nahem jedoch, aus der Perspektive der Besucher, blieb die Erzählung schematisch und ein wenig hölzern. Wir hatten Zelt, Baum, Schiff, Glasfenster – aber wir hatten zu wenig von den Personen, die ja der Inhalt waren. Menschen wollen Menschen sehen. Zumal, wenn es um Geschichte(n) geht. Und so reifte die Idee, ein regelrechtes Casting für unser biblisches Personal durchzuführen. Das Konzeptionsteam erweiterte sich um die Kommunikationsdesignerin Sandra Di Maria, und wir entwickelten zunächst heutige Biographien für die Figuren. Im zweiten Schritt suchten wir nach lebenden Personen, um den intuitiven Zugang möglich zu machen, der uns vorschwebte. So begann unsere Suche nach lebendigen Propheten, Königen, Aposteln und auch nach einem leibhaftigen Martin Luther.

Als wir sie hatten, waren wir glücklich. Erstens hatte es Spaß gemacht, sogar unsere Auftraggeber überschlugen sich in Vorschlägen, wie Magdalena oder David auszusehen hätten. Zweitens erhöhte sich die Tiefenschärfe und es traten, um bei den Farben zu bleiben, Komplementärtöne hinzu. Wir können nur empfehlen, eine Besetzung der Bibel mit Menschen aus dem Freundes- und Bekanntenkreis, A-, B- oder C-Promis durchzuführen. Es ist, als ob man in eine andere Welt schauen kann.

Eva, die sich aus einem kleinen Garten im grauen Pflaster der Stadt an die Besucher (und Passanten) wendet, verbindet sich mit jugend-

Passanten begegnen Eva.

lichem Gelb, es ist die Farbe von Blütenstaub und natürlicher Fruchtbarkeit.

Saras Zelt wird durch wechselndes Licht unscharf wie wehender Sand – aber nur von außen. Innen tief orangerot, die Farbe von Berberteppichen in Nahaufnahme. Eine Markierungsfarbe, die vom Selbstbewusstsein, von Vertrauen und Zuversicht spricht. Der Blick nach oben ist offen und reicht zu den Sternen auf nachtblauem Grund.

Mose hat die Farbe von knorrigem verwittertem Holz. Ein Fühlobjekt (Wurzel) neben dem Eingang gibt die Tonalität vor. Innen fast unwirkliches Blaugrün einer gekräuselten Meeresoberfläche auf dem Boden, die sich in Spiegeln gebrochen bis in weite Ferne zu erstrecken scheint. Auch hier ist es der Kontrast, der den Ort (und die Person) charakterisiert.

König David, der ja auch der Psalmendichter David ist, erschien uns als Popstar, je länger wir uns mit ihm beschäftigten. Er ist in der Manier von Andy Warhol gezeichnet, mit scharfen Kontrasten und den auswechselbaren Farben des von Warhol favorisierten Siebdruckes: Mal im königlichen Rot und Celeste, Himmelblau, mal im trotzigen Schwarz mit undefinierten „bluesigen" Nebentönen. All das vor goldenem Hintergrund.

Die Konterfeis der Propheten Elia und Jona schauen von einer verwitterten Plakatwand auf einen stilisierten Baum und eine im Raum hängende trapezförmige Kiste. Besucher können ihre Stimmen hören und Zeichen sehen (die Box ist eine Camera obscura), aber nur, wenn sie sich selbst verbiegen und zur Schau stellen in dieser Pose. Unbeschreibliches, übernatürliches Grün, in Varianten.

Sophia, die fiktive Frau, die für die Weisheit in der Bibel steht, wird im bibliorama nicht als Person eingeführt – zumindest begegnen wir ihr hier nicht direkt. Sie bleibt symbolisch, wir haben sie uns als Schatten vorgestellt, der auf eine Hauswand fällt, in einer alltäglichen Geste und unscharf. Weiß und die Farbe dieses Schattens.

Auf der Landkarte des Heiligen Landes in Ocker und Blau sind in Rot die Orte markiert, die auf dem Lebensweg von Jesus und seinen Jüngern liegen. Die purpurfarbene architektonische Klammer, von der dieser Weg anfangs gehalten war, konnte entfallen, als die vier handelnden Personen Kontur annahmen: Das wärmste dauerhafte Material das wir kennen, Holz, transportiert menschliche Merkmale erstaunlich präzise. Vielleicht, weil es langsam gewachsen ist und weil das Wachsen sich abbildet in den Jahresringen. Auf dem Lagerplatz eines spezialisierten Holzhändlers fanden wir Maria, Magdalena, Johannes den Täufer und den Evangelisten Lukas in Form von ganz individuellen Baumscheiben aus Fichte, Nussbaum, Birke und Eiche.

Holz für Maria, Johannes, Lene und Lukas.

Wir haben für diese Szene ganz bewusst unseren Farbsinn zurückgedrängt und in taktilen Dimensionen weitergedacht. So wird jede dieser Personen mehr noch durch die Textur von Holz und dazu kombiniertem „Gewand" gekennzeichnet als durch Farbe allein. Samtener Mantel, zarter Schleier, grober Nessel und gediegener Wollfilz lassen auch mit geschlossenen Augen eine Identität plastisch werden.

Petrus und Paulus sind mit dem Schiff verbunden, jeder auf seine Weise. Es ist dem einen Werkzeug zum Fischfang und dem anderen schnellstes Transportmittel der Zeit, für Langstreckenreisen und für dringende Botschaften. Wir haben das antike Schiff auf zwei Merkmale reduziert: den schwankenden Boden aus echt altem Holz, und das Segel. Der Rumpf ist in der dunkelsten Farbe lackiert, die wir im ganzen Museum verwenden: Schwarzbraun. Die Ausstellung erreicht hier, beim Übergang ins Neue Testament, eine hohe Dichte. Sie wird auch kleinteiliger, und wir setzen die dunklen, fast schwarzen Flächen des Schiffsrumpfes und einer dem Schiff gegenüberliegenden raumhohen Wand als visuelle „Entschleuniger" ein: Sie treten zurück und lassen die Ausstellungsobjekte atmen. Doch auch die Besucher nehmen einander vor diesem Hintergrund besser wahr, sie bewegen sich auf der Karte des Heiligen Landes und besteigen das schwankende Schiff auf Augenhöhe mit den Protagonisten. Eine unterschwellige Botschaft ganz in unserem Sinne.

Die beiden Segel sind naturfarben, als seien sie von Wind und Wasser gebleicht. Die Künstlerin Sybille Loew hat die Portraits von Petrus und Paulus hineingestickt, zuvor wurden die Stoffe mit dem Sieb bedruckt, mit unvermeidbaren Schwankungen der Farbsättigung. Die nicht gekürzten Stickfäden sind auf der Rückseite (die immer auch Raumseite ist) sichtbar. Das wirkt roh und vergänglich zugleich.

Johannes auf Patmos ist im Freien angesiedelt, im zweiten Garten des bibliorama. Er erscheint in den Farben der Glasfenster, wie sie in den Kirchen schon vor der Verbreitung der Schrift aus der Bibel erzählten. Wir begannen beim Umsetzen dieser Bildidee mit stark durchgefärbten Gläsern, ließen Testdrucke anfertigen und lernten, dass wir aus Gründen der Lesbarkeit die Kontraste erhöhen mussten. Schließlich fanden wir eine Farbbalance, die sowohl der einzelnen Scheibe Identität verlieh als auch bei Überlagerung mehrerer Scheiben eine reizvolle, charakteristisch „unbunte" Farbmischung ergab.

Im Johannesgarten werden die Besucher verleitet, sich zwischen den großformatigen Glastafeln zu bewegen und dabei sowohl Inhalte aufzunehmen als auch die pointierten Strichgraphiken mit der städtischen Umgebung in einem Farbspiel zu überlagern.

Die Farben des Johannesgartens selbst sind zurückgefahren: braunschwarze Lavasteine, grauer Gehbelag, spärliche Vegetation in mehreren

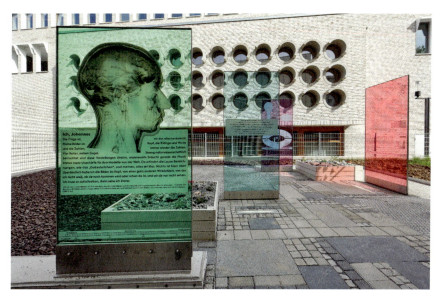

Flug der Gedanken.

vom Boden abgehobenen Tischgärten. Alles unterstützt den Flug der Gedanken und das Entstehen einer neuen Welt aus der Fiktion.

Hier könnte die Erzählung des bibliorama enden. Die Bibel ist durchquert, und Bekanntschaften sind auf vielen Ebenen geschlossen worden.

Doch einer tritt noch auf: Martin Luther. Seine Farbe im bibliorama ist das Schwarz der frühen beweglichen Lettern auf dem hellen Grund des Pergaments. Er lebt und wirkt, historisch gesehen, als die Bibel längst geschrieben ist. Doch er arbeitet an ihrer Umformung und Zugänglichkeit, mit dem richtigen Gespür für das neue Medium der Zeit, dem Buchdruck. Die Gewalt, die er dabei sich und seinen Gegenspielern antut, und die wiederum auf ihn zurückfällt, ist in den graphisch zugespitzten gotischen Lettern enthalten, die über eine wie im Schmerz gekrümmte Wand laufen. Sie mündet in den wohlbekannten Arbeits-

Martin Luther mischt mit.

tisch, der dreifach erscheint: erst steht er stabil, dann wird er über ein Zwischenstadium des Kippens zum vertikalen Plakatträger, zur metaphorischen Kirchentür von Wittenberg. „Übersetzt die Bibel immer wieder neu" soll er gefordert haben. Ein Motto, das unsere mehr als zweijährige Arbeit am bibliorama mit zunehmendem Abstand immer besser zusammenfasst.

## 1.4 Grußwort zu der Fachkonferenz der regionalen Bibelgesellschaften 2016: „Lukas, Lene und du"

*Frank Zeeb*

Liebe Mitglieder der Fachkonferenz, liebe Gäste,
kurz: liebe Schwestern und Brüder,

als zuständiger Referatsleiter im Oberkirchenrat – bei den meisten von ihnen wohl: Landeskirchenamt – möchte ich Sie sehr herzlich hier bei uns in Württemberg begrüßen und Ihnen allen die herzlichsten Grüße unserer Landeskirche und insbesondere des Herrn Landesbischofs, Dr. Frank Otfried July, überbringen.

Sie sind für zweieinhalb Tage hierher gekommen, zu einem angefüllten Programm, vielleicht auch, um diese Gegend kennenzulernen, wie denn diese Region wohl ist, von der man so viel hört. Wer eine Reise tut, hat vor der Abreise oft Bilder im Kopf und bringt seine Vorstellungen mit. Manche dieser Bilder und Vorstellungen sind wohlbegründet, bei anderen weiß man vielleicht gar nicht, wo man sie her hat.

Wer nach Württemberg fährt und noch nie bei uns gewesen ist, hat vielleicht auch manche Vorurteile über die Schwaben, ihre Sprache und ihre Leibspeisen im Gepäck. Er oder sie denkt wohl spontan an das Ulmer Münster (in dem wir letzten Sonntag die neue Lutherrevision feierlich den Gemeinden übergeben haben), an den Stuttgarter Schlossplatz (vielleicht einer der schönsten Plätze in Süddeutschland), an das Porschemuseum, an Daimler-Benz, die Staatsgalerie und vielleicht auch an die neue Große Landesausstellung „Die Schwaben. Zwischen Mythos und Marke" – schon der Titel Ausdruck der typisch schwäbischen Dialektik von Selbstbewusstsein und Zurückhaltung – kein Wunder, dass Hegel ausgerechnet hier geboren ist. Und vor einer Bahnreise nach Stuttgart sinnt man vielleicht auch darüber nach, welche Konsequenzen wohl das allseits bekannte Bahnprojekt für den eigenen Reiseverlauf haben mag. In einer Zeit, in der der Spiegel Martin Luther als ersten Wutbürger bezeichnet, und damit – welche Ironie – letzten Endes eine Verbindung von Stuttgart 21 und der Reformation behauptet, lohnt es sich vermutlich, auch über die kirchlichen und gottesdienstlichen Besonderheiten der württembergischen Landeskirche nachzusinnen.

Wir befinden uns heute auf dem Schönblick und da ist es angemessen, den Pietismus als eines der Alleinstellungsmerkmale unserer Landeskirche herauszustellen. Wenn ich mich in einer anderen Landeskirche – meinetwegen in Hannover oder im Rheinland – als Mitglied der Evangelischen Landeskirche in Württemberg oute, stoße ich oft alsbald auf das Vorurteil, alle evangelischen Württemberger seien Pietisten. Das ist oft verbunden mit den schnell geäußerten Klischees besonderer Bibelfrömmigkeit, einem Hang zur Inspirationslehre und manchmal auch dem Neid, die evangelische Landeskirche sei deshalb der größte Nettozahler in der EKD, weil sie eben vom Pietismus geprägt sei. An alledem ist ein Korn Wahrheit, aber wie meist bei solchen Urteilen gilt es, genau hinzuschauen.

Zunächst ist zuzugeben, dass der Pietismus in Württemberg eine eigene Entwicklung genommen hat und – aus historischen Gründen – mehr als in den meisten anderen Regionen Heimatrecht in der Landeskirche genießt. Andererseits können nicht alle Klischees zutreffen, denn sonst würden sie auch für die Evangelisch-Lutherische Kirche in Sachsen gelten, die z. B. ein Erzgebirge eine stark pietistisch geprägte Region, für die Westfälische Landeskirche mit dem Siegerländer Pietismus, die Evangelische Kirche im Rheinland, in der am Niederrhein der reformierte Pietismus lebendig ist, oder auch für die Gegend um Dillenburg in Hessen.

Die Geschichte dieses Hauses zeichnet die Verbindung von Landeskirche und landeskirchlichem Pietismus nach. Der Pietismus ist in Württemberg seit je eine starke und selbständige Größe, aber er ist – mindestens in der ganz großen Breite – immer landeskirchlicher Pietismus.

Dazu gehört, dass es in Württemberg als einer von ganz wenigen Landeskirchen möglich ist, dass pietistische Gemeinschaften Gemeindestatus erhalten können, in einem engen Abstimmungsprozess von Landeskirche, Kirchenbezirk und Ortsgemeinde und den jeweilgen Größen auf Seite der pietistischen Verbände. Eine solche Gemeinschaftsgemeinde ist die Gemeinde hier auf dem Schönblick, und man darf sagen, sie wirkt zum Segen unserer Landeskirche.

Dann gehört zu unserer Landeskirche seit alters – vielleicht oder ganz bestimmt auch – eine Errungenschaft des Pietismus eine Bibelfrömmigkeit, die sich von der in anderen Landstrichen Deutschlands unterscheidet.

Stuttgart heißt zu Recht die Stadt der Bibel, nicht nur, weil die Deutsche Bibelgesellschaft hier ansässig ist. Beide Urtextausgaben sind – wie sie für die Wissenschaft verwendet werden – württembergische Produkte. Mythus und Marke. Die Biblia Hebraica Stuttgartensia hat ihren schlagenden Namen von der Landeshauptstadt und der Nestle-Aland war über 50 Jahre lang ein württembergisches Produkt, denn Eberhard Nestle war württembergischer Pfarrer und Ephorus am Seminar in der Klosterschule in Maulbronn, auch so eine württembergische Besonderheit. Er hat übrigens auch eine syrische Grammatik verfasst.

Mit der Herausgabe von Urtexten sind wir ohnedies ganz nahe in der Tradition des württembergischen Pietismus, die neutestamentliche Textkritik verdankt ihre Wissenschaftlichkeit nicht zuletzt dem württembergischen Prälaten Johann Albrecht Bengel, der die wichtigsten Grundregeln in Denkendorf bei Esslingen entwickelt, ebenfalls in einer Klosterschule, versteht sich. Und die weltweit größte Bibelsammlung findet sich in Stuttgart.

Dazu passt, dass – in den letzten Jahren lässt es allerdings nach – mindestens auf den Dörfern eine immense Bibelkenntnis herrscht.

So kann es passieren, dass wenn der Vater stolz seinen neuen Mercedes auf der Gasse vorführt, damit es die Nachbarn auch gut sehen – das kann aber kein Alteingesessener sein, denn der würde seinen Reichtum nicht so zur Schau stellen – einer von den Zaungästen selbstbewusst sagt: „Ja, ja, dô hoißt's au: Da sie den Stern sahen, wurden sie hoch erfreut – Matthäus 2 Vers 10." Das ist schon der Text der neuen Revision Luther 2017. Und wieso der biedere Schwabe den Amminadab aus 4. Mose 1,7 für den unangenehmsten Kerl im Alten Testament hält, soll Ihnen heute abend beim Bier oder beim Trollinger jemand erklären, der des Schwäbischen mächtig ist, und das Wortspiel verstanden hat.

Jedenfalls: Württemberg, das Schwabenland, ist ein Land der Bibel und die Landeskirche hat seit 1534 das Motto *„Verbum Dei manet in aeternum"*, das Wort Gottes bleibt in Ewigkeit. Das neueste Produkt unserer besonderen Bibelbeziehung besuchen Sie ja morgen, da brauche ich noch nichts dazu zu erzählen – sehen und staunen Sie selbst.

Ich jedenfalls freue mich, dass Sie als Konferenz der regionalen Bibelgesellschaften hier bei uns zu Gast sind und wünsche Ihnen für die Konferenz viele gute Begegnungen und Erkenntnisse hier in der Region und eine gesegnete Tagung.

## 1.5 Das bibliorama – mehr als ein Schaufenster der Kirche in eine pluralistische Gesellschaft: ganzheitlicher Experimentier-, Erfahrungs- und Erlebnisraum, Spiegelkabinett und Bühne der Freiheit

*Stefan Hermann*

Wenn die aufgeschlagene Bibel das Markenzeichen eines evangelischen Kirchenraums ist, dann ist das bibliorama in Stuttgart mehr als ein Schaufenster der Kirche in eine offene Gesellschaft und weit mehr als eine museale Präsentation historischer Exponate, nämlich ein ganzheitlicher Experimentier-, Erfahrungs- und Erlebnisraum, ein Spielkabinett mit Einladung zur kritischen Reflexion und eine Bühne der Freiheit. Biblische Perspektiven in aller Freiheit nach- und miterleben, sich von der Begegnung mit biblischen Geschichten inspirieren lassen, Fragen stellen und selbst zum Akteur bzw. zur Akteurin werden, diese Konzeption zeigt: Das bibliorama ist auf der Höhe der Zeit – und dies in mehrfachem Sinn: gesellschaftlich, didaktisch und methodisch.

Die gesellschaftliche Großwetterlage ist im Umbruch begriffen. Strukturen hoher Anteile und fester Strukturen von Kirchen- und Religionszugehörigkeit verflüssigen sich, Religion wird zunehmend als eine Möglichkeit von Welt-Anschauung betrachtet, verfestigte Formen von Religionszugehörigkeit und überkommene Wahrheiten werden hinterfragt, die Vertrautheit mit Traditionen sowie die Identifikation mit Überkommenem nimmt ab, individuelle Formen von Religiosität und Spiritualität – auch in individuell-subjektiver Mischung – sind modern. Zugleich nimmt die Kritik an sichtbarer öffentlicher Darstellung von Religion sowie die Gleichstellung von Religion mit Fundamentalismus, Intoleranz und Gewalt deutlich zu. Rufe, die Ausübung von Religion deshalb zur Konfliktvermeidung wie in laizistisch strukturierten Ländern allein in den privaten Raum zu verweisen, werden lauter.

Zugleich aber wird deutlich, dass die Abschottung von Religion vom öffentlichen Diskurs die Gefahr in sich trägt, selbstabgeschlossen und nicht mehr anschlussfähig zu werden. Auch machen fundamentalistische Bewegungen deutlich, wie wichtig auch und gerade bei Religionen die Pflege eines öffentlichen kulturellen Gedächtnisses ist, das auch die den Religionen innewohnende Perspektive der Aufklärung und der kritischen Selbstreflexion erinnern hilft.

**Das bibliorama ist daher ein wichtiger Beitrag der Kirche, religiöse Tradition dem öffentlichen Diskurs gegenüber offen und als einen Teil des öffentlichen Gedächtnisses wach zu halten.**

Das bibliorama ist damit auch ein unverzichtbarer Beitrag der Kirche, sich aktiv am zivilgesellschaftlichen Prozess der Wertepflege, Wertebildung und Werteentwicklung zu beteiligen, da die freiheitlich-demokratische Grundordnung und auf ihrer Grundlage der weltanschaulich neutrale Staat gegen mögliche Gefahren einer totalitären Vereinnahmung auf eine eigene staatliche Religionstradierung bewusst verzichtet. Dies bedingt auch, dass der Staat im öffentlichen Raum einerseits religiöse Bildung durch die entsprechenden Religionsgemeinschaften im Sinne einer positiven Religionsfreiheit gewährleistet, andererseits jedoch auch die negative Religionsfreiheit gewährt, also den Schutz, sich öffentlicher Religion zu entziehen. Gerade weil sich der weltanschaulich neutrale Staat in Sachen Religion selbst gänzlich zurücknimmt, bekennt er sich dazu, dass es Religion und Weltanschauung in diesem Staat nur im Plural geben kann und gibt, ohne sich selbst zu positionieren. Pluralität wiederum setzt voraus, dass ein konstruktiver Dialog zwischen den Weltanschauungen und Religionen stattfindet und sie zu Pluralitätsfähigkeit und starker Toleranz beitragen.

Dies schließt im Sinne von Aufklärung über Religion einerseits die Möglichkeit der Erschließung als auch die selbstkritische Auseinandersetzung mit der jeweils eigenen Tradition voraus. Da sich auch innerkirchlich vermehrt Symptome einer spirituellen Wanderschaft jenseits inhaltlicher kirchlicher Verständigungsprozesse ausmachen lassen, ist auch im Raum der Kirche ein entsprechendes Orientierungsangebot wie das des bibliorama mehr als angesagt.

**Das bibliorama lädt ein, sich aktiv und kritisch mit biblischen Traditionen auseinanderzusetzen, sich auf verschiedene Zugangsweisen einzulassen und damit eine eigene Perspektive zu entwickeln bzw. weiterzuentwickeln.**

In der Didaktik und Methodik nimmt das bibliorama dabei neurobiologische Erkenntnisse auf, wonach Menschen durch Erfahrung ein individuelles inneres Koordinatensystem ausbilden, das die jeweilige Wahrnehmung beeinflusst und die wahrgenommene Wirklichkeit lesen hilft. Eine konstruktive Auseinandersetzung ist dann möglich, wenn das Wahrgenommene anschlussfähig an bereits vorhandene Vorstellungen, die Differenzwahrnehmung also nicht zu groß ist, und wenn eine Erfahrungsbreite von Lesarten gewährleistet ist, die divergente Wirklichkeitserfahrungen nicht exklusivistisch vereinnahmt. Wichtig ist auch die Eröffnung der Möglichkeit, sich probeweise und experimentell über die kritische Außenperspektive auf die Innenperspektive einzulassen. Dies ist aufgrund der zunehmenden Individualisierung und Pluralisierung sowie einer zunehmend schwierigen wechselseitigen Anschlussfähigkeit von lebensweltlichen Eigenwelten umso wichtiger, damit Pluralisierung nicht zur Fragmentierung in abgeschottete Eigenwelten, sondern zu Erfahrungen von Konvergenzen führt, auch wenn es unterschiedliche Zugangsweisen von Wirklichkeit und verschiedene Sprachformen von Wirklichkeitserfahrungen gibt.

Gerade die perspektivische Vielfalt der biblischen Traditionen lädt deshalb zu einer Bibeldidaktik ein, die an die derzeitigen gesellschaftlichen Phänomene anschlussfähig ist.

**Das bibliorama greift in seiner konkreten Ausgestaltung wesentliche Aspekte einer zeitgemäßen Bibeldidaktik auf, indem es zum Verstehen der eigenen religiös-kulturellen Verortung, zur Kommunikation mit wichtigen Gedanken der Tradition und damit zur eigenen Identitätsfindung beiträgt.**

Die biblische Tradition wird dabei als Spiegel transparent, in dem das jeweils eigene Selbstverständnis sich am Selbstverständnis der überkommenen Tradition als Teil des kulturellen Gedächtnisses reflektieren und beides damit besser begreifen lässt. Da sie selbst Resonanzen auf Welt- und Gotteserfahrungen enthält, und dies anhand verschiedener Gestimmtheiten und Emotionen wie Dank und Klage, kann sie selbst Resonanzen zum Klingen bringen. Auch die Macht des Bösen bis hin zu Fanatismus und damit die Gefährdungen, zugleich aber auch die Verheißungen des Lebens werden in ihr sichtbar und erlebbar. Nicht finden sich Ratschläge für ein gelingendes Leben sowie der Hinweis darauf, dass das Geschenk des Lebens bewusst gestaltet werden will. Diese lebens- und kulturhermeneutische Kraft sowie das darin enthaltene Potential konstruktiver Problembewältigung, nicht selten in deutungsoffene Symbole und Symbolsprache verpackt, inspiriert zu einer kritischen Beschäftigung mit existentiellen Fragen und fundamentalen Antworten, die alles andere als fundamentalistisch sind, sondern plurale Deutungsmöglichkeiten eröffnen.

> *Pfarrer Andreas Schäffer*
> *Dem bibliorama gelingt es, Zugänge zu einem Buch zu ermöglichen, das im Ruf steht, alt und lebensfern zu sein. Die Begegnung mit Personen der Bibel lassen die Bibel mitten im Leben ankommen.*

Die Konzeption des bibliorama ist in mehrfacher Hinsicht Programm:
– Es motiviert, in die Bühne bzw. den Erfahrungsraum eines biblischen Panoramas einzutauchen, sequentielle Szenen zu erkunden und auf das eigene Leben zu beziehen.
– Es inspiriert, experimentell als Expertin bzw. Experte mit individuellen Vorerfahrungen in unterschiedlich inszenierte Begegnung und Kommunikation mit vierzehn beispielhaft ausgewählten Personen und deren Erfahrungen mit Gott und dieser Welt zu treten.
– Es lädt ein, sich in diesen Erfahrungsräumen lebens- und kulturbedeutsamer Gehalte als Akteurin bzw. als Akteur eigener Interpretationen zu erfahren und sich im Spiegel dieser Begegnungsgeschehen individuell neu zu casten bzw. zu orientieren.
In diesem dialogisch-diskursiven Begegnungsgeschehen
– begegnen eigene „innere Bilder" und Vorstellungen einem der Buntheit der Bibel entsprechend bewusst bunt inszenierten Reigen auf verschiedene Weise verkörperter „Vor-Bilder" der Bibel, die als bedeutsame Optionen religiöser Erfahrung und Sinndeutung gelesen werden können;
– erschließen sich die unterschiedlichen Vorstellungen personal und symbolisch dargestellter biblischer Gehalte, indem diese – nicht nur durch die Zitatüberschriften – zu sprechen beginnen und sich mit

den existentiellen „Bildern" der Besucher/innen so versprechen, dass diese konstruktiv zu Akteuren/innen der eigenen Interpretation und Aneignung werden;
– werden biblisch-theologische Gehalte in unterschiedlichen Zugangsweisen (z. B. sehen, riechen, hören, tasten, handeln, experimentieren) in die je eigene Gegenwart der Besucher/innen übersetzt und damit auf die Lebensrelevanz hin überprüfbar;
– werden auf behutsame und nicht überwältigende Weise Reflexions- und Interpretationsräume geschaffen, die das Eigene mit Neuem, vielleicht zunächst Befremdendem, in Verbindung bringen und durch die symbolisch bzw. personal vermittelte Mitteilung zu einem konstruktiven und ergebnisoffenen Nach-Denken motivieren, das in individueller Reinszenierung der Gehalte fruchtbar werden kann;
– ereignet sich in authentischer, nicht historisierender, aber auch nicht von der Historie bzw. Tradition abstrahierender Weise Begegnung mit der Komplexität biblischer (Interpretations-) Geschichte und Kultur, die auch zum Verständnis des kulturellen Gewordenseins der christlichen Kirche und der gegenwärtigen Gesellschaft beitragen kann.

So wird das Thema „Begegnung" bewusst an pointierter Stelle inszeniert, dem Drehwürfel „Es geht um Dich, um mich", mit der gezielten Botschaft: „Das bibliorama richtet sich an Sie, an Dich als einzigartiges Individuum". Auch die Beispiele „Eva" („Wir sind Gottes Geschöpfe") sowie „Elia und Jona" („Gott spricht zu uns") laden mit ansprechenden Fragen zur Identifikation mit dem Gehalt der jeweiligen Geschichten ein, sei es zur Auseinandersetzung mit der Fragestellung nach dem Menschsein oder der Verlockung zu vertiefter Wahrnehmung der Wirklichkeit.

Ähnliche Identifikationsmöglichkeiten bieten Stationen, bei denen existentielle Fragestellungen mit der Einladung, die eigene Perspektive zu überschreiten, noch stärker in den Vordergrund treten, beispielsweise bei „Johannes" und dem Impuls: „Es gibt mehr als Du siehst" oder in der Begegnung mit „Sara" und dem Thema: „Es ist nie zu spät, neu anzufangen".

Auch andere wichtige biblische Traditionen und Inhalte sind auf transhistorisch-hermeneutischen Dialog angelegt, beispielsweise die Inszenierung der Gebote als „Weg zur Freiheit" – Ethik ohne moralischen Zeigefinger – sowie der Weisheitstradition in Gestalt der „Sophia" und der Einladung, die Chance zur Selbstdistanz durch Unterbrechung des Alltäglichen zu nutzen. Dabei sind verkündigende Elemente nicht ausgespart, wie sich an den Beispielen von „Maria, Johannes, Lene und Lukas" mit dem Aspekt: „Wir erzählen von Jesus" sowie „Peter und Paul" mit einer Kurzzusammenfassung der Kerngedanken des Evangeliums zeigt – eine klare Positionierung, ohne dabei aufdringlich oder apologetisch zu wirken. Hinzu kommen informative Teile, beispielsweise über den Zusammenhang der beiden Teile der Bibel, die Rezeption der Bibel durch Martin Luther und einen einordnenden Zeitstrahl, der bis in die Gegenwart reicht.

**Das bibliorama erweist sich damit als wirksame Bühne der Freiheit, der die doppelte Bewegung des Ursymbols christlichen Glaubens widerspiegelt: die Verbindung der vertikalen und der horizontalen Ebene als Verbindung zwischen Gott und Mensch sowie zwischen den Menschen.**

Die im wechselseitigen „Spiegelkabinett" des bibliorama ermöglichten Begegnungen nehmen diese doppelte Bewegung auf, indem Gottes Geschichte mit den Menschen interpersonal mit Menschen der Gegenwart ohne Vereinnahmung in Freiheit miteinander vermittelt wird. Die Geschichte der biblischen Geschichten wird dabei nicht einfach reinszeniert, sondern in je individuellem Kontext und eigener Regie (Akteur-schaft) aneignend und anverwandelnd aktualisiert.

Kurz zusammengefasst ist das bibliorama so etwas wie eine aufgeschlagene Bibel,
– die dazu einlädt, in eine mehr oder weniger vertraute oder fremde „Sprach- und Kulturwelt" einzutauchen;
– die in aller Freiheit ermöglicht, sich auf biblische Geschichten und deren fundamentale Gehalte probeweise einzulassen, ohne sich dabei festlegen zu müssen;
– die Räume eröffnet um zu fragen und zu hinterfragen, aber auch um mögliche Antworten auf deren individuelle Tragfähigkeit zu prüfen;
– die biblische Sichtweisen transparent und lesbar macht und damit zu kulturellem Verstehen beiträgt;
– die in aller Positionalität und Offenheit zu wechselseitigem Verstehen hilft und damit Identität und Verständigung, Toleranz und Pluralitätsfähigkeit fördert.

Und vielleicht mag es der einen oder anderen Person beim Streifzug im Experimentierraum des Spiegelkabinetts bibliorama gehen, wie einmal Mark Twain gesagt haben soll: *„Die meisten Menschen haben Schwierigkeiten mit den Bibelstellen, die sie nicht verstehen. Ich für mein Teil muss zugeben, dass mich gerade die Bibelstellen beunruhigen, die ich verstehe".*

**Dr. Christoph Rösel**

*Mitten in Stuttgart als „Stadt der Bibel" ist das bibliorama ein Ort, an dem die Bibel erfahrbar wird. Dieser besondere Ort verdient es, noch weiter bekannt und von vielen besucht zu werden!*

## 1.6 Männer und Frauen im bibliorama

3000 Jahre Geschichte und die Hoffnung
auf Gewaltfreiheit

*Susanne Claußen*

### Zwischen Vergangenheit und Gegenwart

Die biblischen Schriften entstanden in Gesellschaften, die von Männern dominiert wurden. Männer hatten damals mehr Rechte als Frauen, die von Vätern, Ehemännern, Söhnen weitgehend abhängig waren. Damit stehen die damaligen Verhältnisse in einem scharfen Gegensatz zu unseren heutigen Überzeugungen, denen zufolge Männer und Frauen gleich viel wert sind (oder wenigstens sein sollten!) und dass das Gottes Willen entspricht.

Bei Diskussionen zu diesem Thema werden manchmal zwei Teilbereiche vermischt: einerseits die Forderung nach der gesellschaftlichen Gleichberechtigung von Männern und Frauen und andererseits die Frage nach der Gleichwertigkeit von Männern und Frauen vor Gott. Letztere ist in der Bibel nicht zu bezweifeln: Gott wendet sich von Anfang an Frauen genauso wie Männern zu. Beide sind von ihm erschaffen worden, und nicht nur Männer, sondern auch Frauen sind unerlässlicher Bestandteil der Heilsgeschichte.

Die Bibelstellen, die das klarmachen, sind uns darum heute besonders wichtig: die drei Frauen am Grab Jesu als die ersten Osterzeuginnen zum Beispiel. Ebenso die Bibelstellen, die man für die Forderung nach gesellschaftlicher Gleichberechtigung fruchtbar machen kann: Die Hinweise auf Prophetinnen und mutige Töchter, auf Frauen in Jesu Gefolgschaft und andere. Bei Elia und Jona können

Sie von einer dieser außergewöhnlichen Frauen hören: den Bericht von Hulda aus 2. Kön 22,14-20. Einige Bibelstellen mussten in langen, schmerzhaften Prozessen neu gelesen, neu verstanden, ans Licht gebracht werden. Sie zeigen, wie manchmal Rollenbilder aufgebrochen wurden.

Übrigens gilt das nicht nur für weibliche Rollenbilder. Wenn man die Geschichte der Frauenunterdrückung betrachtet, übersieht man vielleicht manchmal, dass in der Vergangenheit auch die meisten Männer weniger Rechte und Chancen hatten als wir heute. Nicht nur Frauen, auch Männer der Bibel bekamen die Möglichkeit, scheinbar festgelegten Lebenswegen neue Richtungen geben.

### Frauenfiguren im bibliorama

Die biblischen Frauen des bibliorama stehen alle in diesem Spannungsfeld aus männerdominierter Vergangenheit und dem heutigen Wunsch nach Gleichberechtigung. Indem wir sie als konkrete Personen dargestellt haben, mussten wir dieses Spannungsfeld aushalten, mussten historische Fakten mit ahistorischen Werten mischen.

Sophia ist, so wie man ihr im bibliorama begegnet, der Vergangenheit entstiegen. Sie kümmert sich um Haus und Hof und Kind, und füllt damit die Rollen aus, die tausende und abertausende ihrer Schwestern, Vorfahren und Nachkommen ausgefüllt haben. Sophia scheint sogar ganz zufrieden damit zu sein: Sie schmückt ihre vier Wände, sie hält mit den Nachbarinnen ein Schwätzchen und steht in inniger Beziehung zu Gott. Dieses Gesamtbild der Sophia wurde von einzelnen Besucherinnen heftig kritisiert. Dabei wollen wir damit keinesfalls kommende Frauengenerationen auf „Kinder-Küche-Kirche" festnageln. Ganz im Gegenteil, mit Sophia ehren wir jene Frauen, die trotz sehr festgelegter Lebensbedingungen, trotz fehlender Chancengleichheit ihr Leben angenommen und bewusst gestaltet haben. Sophia / Weisheit findet sich eben nicht nur bei den berühmten (oft männlichen) Vertretern der Menschheit, sondern überall.

Sophia ist eine Kunstfigur, eine Metapher, die wir im bibliorama mit einer fiktiven Biographie ausgestattet haben. Anders Sara. Die biblischen Geschichten erzählen zu Sara viele konkrete Ereignisse, und einige davon zeigen die erwähnte Minder-Wertigkeit der Frauen damals: In schwierigen Situationen gibt Abraham sie als seine Schwester aus, damit die gefährlichen Ägypter und Philisterkönig Abimelech sie mitnehmen können. Gottes Eingreifen verhindert in beiden Fällen, dass die Fremden mit ihr schlafen. Da sie lange keine Kinder bekommt, muss sie ihre Rechte vorübergehend an Hagar abtreten, mit der Abraham einen Sohn bekommt. Im bibliorama begegnet man Sara in der Zeit ihres Lebens, in der sie merkt, dass sie trotz ihres hohen Alters schwanger geworden ist. Das ersehnte Kind wird kommen. Kinderlosigkeit ist eine der stärksten Bedrohungen, die das Alte Testament kennt. Kinderlosigkeit wäre das Ende der Geschichte zwischen Gott und seinem Volk. Dass Gott Kinder schenkt, wo Nachwuchs unmöglich scheint, ist eines der größten Wunder.

Wunder sind dadurch definiert, dass sie biologische oder andere natürliche Gesetzmäßigkeiten außer Kraft setzen. Unsere Natur ist freilich immer der Ausgangspunkt für unser Mensch-Sein. Inwieweit sich aus diesem Ausgangspunkt Bestimmungen ableiten lassen, fragen wir bei Eva, deren Name „Leben" bedeutet. Wir glauben, dass unser Leben mehr als das Abarbeiten biologischer Funktionen ist. Mit Eva weisen wir darauf hin, dass Menschen zu allen Zeiten nach Sinn und Erfüllung jenseits eines vollen Bauches suchen.

Neben Sara war ihre Mutterrolle noch für die Darstellung einer anderen Frau im bibliorama entscheidend: für Maria. Ihre Mutterschaft in Kombination mit der völlig falsch – weil wörtlich – verstandenen Jungfräulichkeit wurde in der Vergangenheit sehr oft dazu genutzt, Frauen zu diskriminieren. Maria begegnen wir im bibliorama als einer Frau, die alt wird und sieht, dass sie den Gang der Geschichte nicht mehr wird ändern können.

Mitten im Leben hingegen steht Lene, Maria Magdalena. Sie ist außergewöhnlich, sie ist vital und mutig und außerdem die Erste oder eine der Ersten, die den Auferstandenen sieht. Mit den Worten „Ich habe den Herrn gesehen" erzählt sie den Jüngern davon / lässt der Autor des Johannesevangeliums sie davon erzählen (Joh 20,18). Wortgleich begründet Paulus sein Amt als Apostel (1. Kor 9,1). Insofern ist Maria Magdalena die erste Apostelin. Bestimmt galt ihr Wort etwas unter den ersten Christen. Bewusst folgen wir in ihrer Darstellung der kirchlichen Tradition, die die Osterzeugin Maria aus Magdala mit der (namenlosen) reuigen Sünderin aus Lk 7 und Maria, der Schwester von Marta und Lazarus aus Joh 12, gleichsetzt. Das verleiht ihr als Person mehr Vielschichtigkeit. Ihr Leben wird dadurch bewegt und facettenreich.

### Das Ende von Gewalt und Ungerechtigkeit

Die oben genannte Erzählung von der reuigen Sünderin, die Jesus mit kostbarem Öl salbt, wird von Lukas überliefert. Im bibliorama steht seine Stele der Stele von Lene gegenüber. Im Lukasevangelium findet man/frau einige besondere Akzente, die die anderen Evangelisten so nicht setzen. Lukas ist es besonders wichtig, zu zeigen, dass Jesus der Heiland der Armen, der Entrechteten ist. Lukas berichtet, wie Jesus die Kinder zu sich holte – und sich den Frauen zuwandte, als einer der unterprivilegierten Gruppen. Nicht zufällig ist es gerade Lukas, der aufschreibt, dass Jesus zu Besitzlosigkeit aufforderte und den willkür-

> *Prälat i. R. Ulrich Mack*
>
> *bibliorama mitten in der Stadt – weil die Bibel mitten ins Leben gehört, nicht angestaubt, sondern ansprechend aktuell. Ich freue mich, dass das bibliorama ein attraktiver Ort in Stuttgart geworden ist.*

lichen Gebrauch von Macht kritisierte. Mit diesem Hinweis soll das Thema „Männer und Frauen" im bibliorama in einer allgemeineren Hoffnung aufgehen: in der Hoffnung auf ein Ende von Gewalt. Wir sind aufgerufen, Machtmissbrauch und Ungleichheiten, die Gewalt legitimieren, zu beenden und uns für Chancengleichheit einzusetzen. Sei es zwischen Männern und Frauen oder zwischen Herren und Knechten, Einheimischen und Fremden, Weißen und Schwarzen, Erster und Dritter Welt, Reich und Arm.

## 2. Aus der Arbeit

### 2.1 Begegnung im „bibliorama"

*Beate Schuhmacher-Ries*

Martin Buber schreibt: *„Alles wirkliche Leben ist Begegnung."*
Das „bibliorama" ist als Ort der Begegnung konzipiert. Das Wort Begegnung assoziiert z. B. Bewegung, Kommunikation, Neugier, Auf-Einander-Zugehen, Kennenlernen, Offenheit, gemeinsames Erleben. Es bringt Menschen innerlich und äußerlich in Bewegung, lädt zum Nachdenken und zum Gespräch ein, macht neugierig und auch einfach Spaß.

Das bietet das „bibliorama", wenn sich die Besucherinnen und Besucher darauf einlassen. Personen aus der Bibel werden szenografisch dargestellt: Sara begegnet den Besuchenden in einem angedeuteten Zelt mit Sternenhimmel, David lädt die Besuchenden in seinen Palast zum Musizieren ein, Paulus ermuntert uns auf das Schiff zu kommen und seine Botschaft zu hören. Die Geschichten, die erzählt werden sind Geschichten von Menschen mit (Auf-)Brüchen und Umwegen. Es sind Geschichten von Freude und Glück, aber auch von Trauer und Schuld. Gott begleitet diese Menschen in ihrem Leben. All das scheint durch diese Geschichten hindurch.

Das Museum ist wie eine Bühne, auf der die Besucherinnen und Besucher in die Welt der Bibel eintauchen und die Geschichten ausgewählter Personen aus der Bibel im Licht des eigenen Lebens sehen können. Sie finden eigene Anknüpfungspunkte zu biblischen Personen und deren Geschichten. Sie können sich selbst mit den Lebenssituationen der Menschen in der Bibel verbinden. Die eigene Lebenswirklichkeit kann im Kontext der biblischen Geschichte verstanden und gedeutet werden. Ein Beispiel aus meiner Arbeit: Die Schülerinnen und Schüler einer Oberstufe hatten eine Führung mit dem Fokus auf den Ich-Texten[1] gebucht.

Sie durften sich am Ende der Führung den Ich-Text einer biblischen Person aus dem „bibliorama" auswählen. Es sollte ein Text sein, der sie besonders angesprochen hat. Ein junger Mann suchte sich den Text „Ich, Sara" aus: *„Wir brechen gleich auf. Die Kamele sind beladen, die Wasserschläuche gefüllt, die Ziegen und Schafe zusammengetrieben – und ich bin wieder mal aufgeregt, obwohl wir doch schon recht lange unterwegs sind. Abraham will in das Land ziehen, das Gott ihm versprochen hat. Nachts grübele ich manchmal: Ob wir dort gut ankommen? Ich bin nicht mehr jung, und mein Mann auch nicht. Und es stehen große Veränderungen bevor. Ich erwarte ein Kind. Das ist fast unglaublich, in meinem Alter. Aber ich bin voller Zuversicht. Gleich geht es los!"*

Themen der Geschichte von Sara sind Fremd-Sein, Migration, Aufbruch und Neubeginn, Wagnis und Vertrauen, Angst und Mut. Die Gruppe der Schülerinnen und Schüler saß zum Abschluss der Führung im Kreis im museumspädagogischen Raum. Im Gespräch wurde die Frage gestellt, weshalb sich der Schüler diesen Text ausgewählt hat. Er antwortete: „Ich werde in drei Wochen für ein Jahr in die USA reisen. Ich kenne meine Gastfamilie noch nicht, weiß noch nicht, wohin ich zur Schule gehe und ob ich dort Freunde finde. Vieles ist unbekannt. Vieles wird neu sein. Aber ich werde mich auf den Weg machen wie Sara und vertrauen, dass es gut wird." Der junge Mann hat so seine Geschichte mit der Geschichte von Sara in Beziehung gesetzt. Deren Erfahrungen vor über 3000 Jahren, helfen ihm bei seinem eigenen

---

[1] Jede biblische Person im „bibliorama" hat einen eigenen Text, den sog. Ich-Text. Der Ich-Text legt den Schwerpunkt auf eine Situation im Leben der Person.

Aufbruch in ein neues Land: „*... aber ich bin voller Zuversicht. Gleich geht es los!*". Auch wenn die Reisebedingungen inzwischen ungleich einfacher sind und zeitlich überschaubarer, ist die emotionale Erfahrung des Aufbruchs ähnlich und von Besucherinnen und Besuchern nachvollziehbar.

Dieses Beispiel zeigt exemplarisch, wie es gelingen kann, entlang der Ausstellung mit ihren Personen und Themen, an die Alltagsrealität der Besuchenden anzuknüpfen. Die Schülerinnen und Schüler sind Expertinnen und Experten ihrer eigenen Lebenswelten. Sie bringen ihre eigenen Zugänge zu den biblischen Personen und ihre eigenen Deutungen der biblischen Personen mit.

Fragt man unterschiedliche Personen (egal welchen Alters), an welche Geschichte sie sich bspw. bei Sara erinnern, erhält man sehr unterschiedliche Antworten. Fragt man dann weiter, was dem befragten Menschen die erinnerte Geschichte bedeutet, hat dies in den allermeisten Fällen einen sehr persönlichen (biographischen) Hintergrund.

Durch die Beschäftigung mit den Texten und den Inszenierungen der biblischen Personen kann ein Dialog auf unterschiedlichen Ebenen angeregt werden. Die Schülerinnen und Schüler treten in einen Prozess des Entdeckens ein. Der konstruktivistische Zugang und die Inszenierung der biblischen Personen im „bibliorama" ermöglichen so das Anknüpfen an Geschichten aus der Bibel und das Anknüpfen an eigene Sichtweisen, Erlebnisse oder Lebensgeschichten.

Unsere Erfahrungen bei Führungen zeigen letztlich, dass ein „Abfragen" von Inhalten in dieser Situation nicht möglich und auch nicht erwünscht ist. Dadurch wird deutlich, dass im „bibliorama" lernen auf unterschiedlichen Ebenen stattfindet. Neben der konstruktivistisch eigenen Sicht auf die biblischen Personen berührt dieses Lernen sehr stark das emotionale Gedächtnis. Wann und ob die Verknüpfung zu

*Aus der Arbeit*

eigenen Erlebnissen der Besucherinnen und Besucher mit einzelnen biblischen Personen im „bibliorama" wieder an die Oberfläche kommt, bleibt somit offen und ist nicht verfügbar. Die Lernwirkungen dieses Lerngangs sind nicht sofort messbar und objektivierbar.

Kurt Grötsch schreibt zu dem Thema „Merkwürdig – Lernen im Museum oder Lernen in Erlebniswelten. Was können Museen von lernbasierten Erlebnisorten lernen?": *„Mit der Lupe betrachtet betreiben Museen Erinnerungsmanagement – und zwar nicht durch die Tatsache, dass sie über ihre Objekte und Exponate Zeit einfrieren, sondern dadurch, dass sie im emotionalen Gedächtnis ihrer Besuchenden Selbst-Erfahrungen schaffen."*[2]:

Im „bibliorama" schaffen wir Rahmenbedingungen und Raum für Lehr- und Lernprozesse. Museumsbegleiterinnen und Museumsbegleiter sind Begleitpersonen während der Führung. Sie eröffnen gezielt den Raum für Begegnungen mit den biblischen Personen. Sie erzählen Geschichten oder lassen die Besuchenden erzählen, stellen Fragen und eröffnen Gesprächsmöglichkeiten.

Immer wieder auch mit der Frage, ob und wie es gelingt, an die Alltagsrealitäten der Besucherinnen und Besucher anzuknüpfen.

*Prälatin Gabriele Arnold*

*Wer das bibliorama besucht, erlebt Bibel hautnah. Wir sitzen unter dem gestirnten Himmel und schaukeln im Sturm auf dem See Genezareth, wir spielen mit David auf der Harfe und kommen mit Martin Luther ins Gespräch. Bibel hautnah. Danke, dass es das bibliorama gibt.*

---

[2] Hartmut John / Anja Dauschek, Museen neu denken, Bielefeld 2008, S. 127.

## Vermittlung im „bibliorama"

Das Modul Heiliges Land gestaltet sich als Bühne, auf der die Besucherinnen und Besucher drei biblischen Personen aus dem Umfeld Jesu und einem „Mann des Wortes", dem Evangelisten Lukas, begegnen. Die Stelen von Maria, Johannes, Lene und Lukas stehen im Raum in Beziehung zueinander und sind auf der Bodenkarte des Heiligen Landes Israel verortet. Sie sind verwurzelt in der Zeit Jesu und kommen uns heute durch ihre Ich-Texte, ihre Themen und ihre Darstellungen nahe.

Beispielhaft und um das dialogische Miteinander zu verdeutlichen, beschreibe ich Auszüge der Führung einer 5. Schulklasse:

Die Schülerinnen und Schüler nehmen wahr, wo sie sich befinden. Sie erkennen Orte im Heiligen Land wieder: Bethlehem, Jerusalem, … Sie dürfen sich zu dem Ort, Fluss oder See stellen, der ihnen bekannt ist. Im Gespräch tauschen sie sich aus, welche Plätze auf der Bodenkarte bekannt sind und an welchen dieser Orte Jesus gewirkt hat. Nach dieser Einführung dürfen sich die Kinder im Halbkreis um die Personen im Heiligen Land setzen und diese in ihre Mitte nehmen.

Mit der Frage: „Welche Geschichten kennt ihr von Jesus?" wird das Einsammeln von biblischen Geschichten mit und um Jesus eröffnet. Die Kinder tragen in der Regel begeistert und sehr engagiert bei, was ihnen an Geschichten mit und um Jesus einfällt. Man sieht die Kinder tief in Erinnerungen „graben". Dadurch werden die Geschichten von Jesus lebendig und füllen den Raum im Modul Heiliges Land. Die Kinder nennen immer die Geschichten von Jesus, die den vier Personen Maria, Johannes, Lene und Lukas zuzuordnen sind. Das erleichtert anschließend die Bezugnahme auf die vier im Raum stehenden Stelen.

Im Folgenden beschreibe ich exemplarisch ein Beispiel der Annäherung an eine biblische Person aus der Gruppe im Heiligen Land.

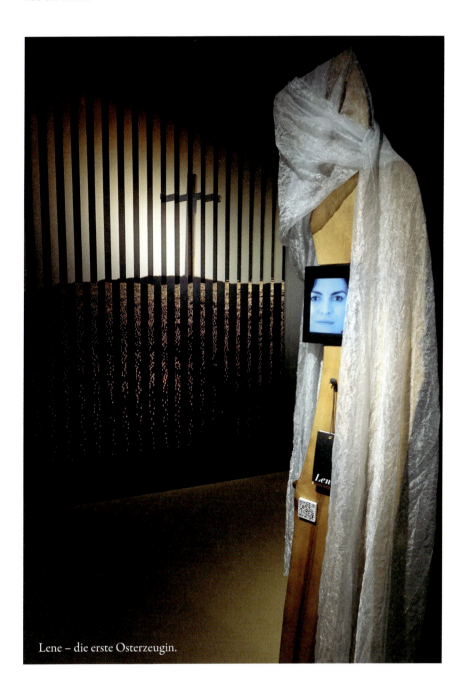
Lene – die erste Osterzeugin.

Die Lene im „bibliorama" heißt in der Bibel Maria Magdalena.

> *Exkurs:*
> *Warum heißt Maria Magdalena im bibliorama LENE?*
> *Unter den beliebtesten Vornamen sind in den letzten Jahren viele Namen von Personen aus der Bibel zu finden. (z. B. Lene, Lena, Luca, Marie, David).*
> *Die Personenauswahl der Dauerausstellung basiert auf diesem Grundgedanken und gibt dadurch die Möglichkeit der Identifikation mit den biblischen Personen. (Viele junge Menschen wissen häufig nicht, dass sie einen biblischen Namen haben.)*

Maria Magdalena ist eine Jüngerin um Jesus. Sie ist Zeugin der Auferstehung. Ihre bewegte Darstellung drückt Freude und Leichtigkeit aus. Das Nussbaumholz ist wie zum freudigen Aufsprung nach links geneigt. Ebenso ist es möglich, dass Maria Magdalena in sich versunken betet, sich traurig nach vorne neigt.

Die Haltung und die Szenografie von Maria Magdalena sind unterschiedlich zu deuten und lassen den Kindern die Freiheit ihre Deutung zu finden, Trauer oder Freude. In diesen Ambivalenzen bewegt sich auch ihr Leben.

Die Haltungen Trauer und Freude greift das Riffelbild an der Wand hinter Maria Magdalena auf.

In dem Bild erkennen die Kinder auf der einen Seite ein Kreuz und auf der anderen Seite ein Meer aus Kerzen. Trauer und Freude, Tod und Leben gehören zusammen und finden sich sowohl in der Stele der Maria Magdalena als auch im Riffelbild dahinter wieder.

Auf der Holzstele der Maria Magdalena ist ein Nagel eingeschlagen, an dem ihr Name mit Informationen aufgehängt ist. Ein Mädchen fragte interessiert, weshalb man in das Holz einen Nagel eingeschlagen hätte. Ihr Klassenkamerad sagte trocken: „Weil Jesus an ein Kreuz genagelt wurde."

### Kontakt im „bibliorama"

Der größte Baustein im „bibliorama" sind die Führungen. Während einer ca. 60-minütigen Führung begegnen die Besucherinnen und Besucher einigen der inszenierten biblischen Personen. Zunächst wird das Konzept der Ausstellung erläutert und anschließend werden Informationen zu den biblischen Personen vermittelt. Danach besteht die Möglichkeit eigene Entdeckungen zu machen: einen Psalm selbst komponieren, die Reisen des Apostel Paulus zu Wasser und über das Land mit Schiffen und Ventilatoren nachempfinden, um nur einige Beispiele zu nennen. Kindern und Jugendlichen macht es Spaß, durch die Spiegel bei Mose zu gehen, auf der Laserharfe zu spielen oder mit vielen Kapla-Bausteinen Kirche zu bauen. Auch mancher Erwachsene freut sich und staunt über die zum Nachdenken anregenden Zugänge zu biblischen Personen und Geschichten.

Beim Erstbesuch des „bibliorama" ist eine Führung empfehlenswert, um das Konzept und die Idee des Museums besser zu verstehen. Viele

---

*Oberkirchenrat i.R. Werner Baur*

*Ein besonderer Ort der Begegnung mit dem Buch der Bücher in Stuttgart. Spannende Zugänge zu alten Geschichten. Interessante Annäherungen, früher und heute. Jetzt das Buch zum bibliorama. Besuch und Buch – sie lohnen sich.*

engagierte Museumsbegleiterinnen und Museumsbegleiter stehen im „bibliorama" zur Verfügung. An Wochenenden stehen den Besucherinnen und Besuchern Ausstellungsbetreuerinnen und -betreuer zur Seite, um ihre Fragen zu beantworten.

Das „bibliorama" bietet Führungen für unterschiedliche Zielgruppen an. Es ist barrierefrei und somit auch für Gruppen mit Handikap gut geeignet. Die aktuellen Führungsformate für unterschiedliche Zielgruppen und Themen finden Sie auf der Homepage https://www.bibelmuseum-stuttgart.elk-wue.de/besucherinformationen/fuehrungen/.

Das „bibliorama" bietet Erwartbares ebenso wie Unerwartetes und Überraschendes. Besuchen sie das „bibliorama" und lassen Sie sich von den Personen und Installationen inspirieren!

## 2.2 Von der Idee zur Ausstellung – am Beispiel der Sonderausstellung „Im Anfang war das Spiel"

*Karina Beck*

### 1. Einleitung

Neben der Dauerausstellung, die seit 2015 im bibliorama zu sehen ist, verfügt das Museum über einen Raum, der zweimal im Jahr eine Sonderausstellung beherbergt. Vom 30. März bis 3. November 2019 zeigt das bibliorama dort die Ausstellung „Im Anfang war das Spiel. Reigen, Spiel und Spannung im bibliorama". Im Folgenden soll der Entstehungsprozess dieser Ausstellung nachvollzogen werden.

### 2. Voraussetzungen und methodisches Vorgehen

*a) Die Ressourcen*

Bevor eine neue Sonderausstellung geplant werden kann, ist es notwendig, die vorhandenen Ressourcen zu prüfen. Für die Ausstellung „Im Anfang war das Spiel" stehen ca. 20.000 Euro zur Verfügung, inklusive der Ausgaben für die Öffentlichkeitsarbeit; ein vergleichsweise bescheidenes Budget. Auch personell ist die Museumsarbeit auf wenige Schultern verteilt. Daher muss gezielt auf einige wenige externe Mit-

---

*Kirchenrätin i. R. Bärbel Hartmann*

*Dem Evangelium mit allen Sinnen begegnen zu können, zeichnet das bibliorama aus. Der Kontakt mit den biblischen Personen weckt Neugier und motiviert zur Besinnung über sich selbst, Gott und die Welt.*

arbeitende zurückgegriffen werden. Für die Spieleausstellung werden ein Museumsgestalter, eine Grafikerin und ein Techniker hinzugezogen. Dazu kommen noch einige Ausgaben für die Gestaltung des Rahmenprogramms, das aber hauptsächlich über Kooperationen und ehrenamtliches Engagement erfolgt.

*b) Auftraggeberinnen*
Das bibliorama ist eine Einrichtung der Evangelischen Landeskirche in Württemberg in Kooperation mit der Württembergischen Bibelgesellschaft. Die Ordnung des bibliorama ist somit in der Rechtssammlung der Württembergischen Landeskirche festgehalten.

Dort heißt es: „Das Bibelmuseum hat die Aufgabe, im Rahmen des Verkündigungsauftrages der Evangelischen Landeskirche in Württemberg die Bibel, ihre Wirkungsgeschichte in Vergangenheit und Gegenwart bekannt und erlebbar zu machen."[1]

*c) Methodik*
Für die Erarbeitung einer Sonderausstellung eignen sich Methoden aus dem Projektmanagement. Für die Museumsarbeit sind diese Methoden bereits gut erschlossen.[2]

Die Spieleausstellung wird in einzelne Arbeitsphasen unterteilt, die wiederum mehrfach untergliedert werden.[3] Durchgeführt werden diese Phasen idealiter von einem Mitarbeiterstab. Der Prozess wird von

---

[1] § 2 Abs. 1 der Ordnung für das Bibelmuseum der Evangelischen Landeskirche in Württemberg. Erlass des OKR vom 29. April 2015 (AZ 56.08-2/0 Nr. 91.62-01-03-V12; ABl. 66, Nr. 18 vom 30. Juni 2015, S. 352-355, S. 352).
[2] Vgl. Philipp Aumann / Frank Duerr: Ausstellungen machen, Paderborn ²2014.
[3] Das Projekt gliedert sich in die sogenannte Vorprojektphase, die Planungsphase, die Realisierungsphase, die Folgephase und die Abschlussphase.

einer Projektleitung koordiniert. Der Projektleitung kommt die Aufgabe des Überblicks und der Vernetzung zu, der Einhaltung des Zeitplans und des Kostenrahmens. In Anbetracht des Personalstamms fallen ihr noch weitere Rollen zu, nämlich die der Organisatorin, der Fachfrau, der Öffentlichkeitsarbeiterin, der Museumspädagogin. Dazu kommt, dass die Projektleitung nicht allein mit der Spieleausstellung betraut ist, sondern parallel noch andere museale Aufgaben übernimmt. Daher ist das Zeitmanagement ein wichtiger Baustein innerhalb der Projektplanung. Ebenso wichtig ist es, immer wieder sogenannte Meilensteine zu setzen, an denen der Prozess der Vorbereitung und Durchführung der Ausstellung in den Betrieb eingespeist wird; wichtige Entscheidungen sollen vom gesamten Team mitgetragen werden.

Da das Leitungsteam des bibliorama aus drei Personen besteht, ist der Austausch auch außerhalb der Meilensteinsitzungen möglich.

## 3. Vorprojektphase

### a) Ausstellungsidee

Bei der Ideenfindung zur Spieleausstellung waren zwei Gedanken leitend: Zum einen wollte das bibliorama nach den letzten beiden Ausstellungen[4], die eher ein erwachsenes Publikum angezogen hatten, nun eine leicht zugängliche Ausstellung zum Thema Bibel und Spiel machen, die etwa für Familien interessant sein kann.

Der zweite Gesichtspunkt, der bei der Themenauswahl leitend war, war die auf der Hand liegende Verknüpfung von Spiel und aktiver Beteiligung der Besucherinnen und Besucher. Der Gedanke, sich als Besucherinnen oder Besucher selbst aktiv in das Ausstellungsgeschehen

---

[4] „Die Bibel und das liebe Geld" (25.10.2017 – 8.4.2018) und „Psalmen in Fülle" (4.5. – 11.11.2018).

mit einzubringen, ist eine Grundidee des bibliorama. Dahinter steht das pädagogische Konzept des Konstruktivismus, das davon ausgeht, dass Menschen keine objektiven Inhalte erfassen, sondern beim Lernen eigene Sinneseindrücke mit den bereits gemachten Erfahrungen verknüpfen und daraus Erkenntnisse ziehen.[5] Auf das bibliorama angewandt bedeutet das: Menschen kommen mit unterschiedlichen Vorerfahrungen in die Ausstellung. Diese wiederum bietet unterschiedliche Möglichkeiten des Erschließens der Inhalte: kognitive, kreative, erlebnispädagogische. Jeder Besucher und jede Besucherin erschließt sich die Ausstellung mit den Mitteln eigener Wahl.

So entstand die Idee, eine möglichst große Bandbreite zum Thema Bibel und Spiel aufzuzeigen und die Besucherinnen und Besucher zum Spielen einzuladen.

*b) Zeitplan*

Der Erfolg einer Ausstellung hängt entscheidend vom Zeitplan ab. Für die Spieleausstellung begannen die ersten Überlegungen rund einhalb Jahre vorher. Sobald das Thema und die Ausstellungsdauer gefunden sind, wird der Zeitplan von hinten her eingeteilt.

## 4. Planungsphase

In den folgenden Monaten wird die Ausstellung auf drei Ebenen parallel weiterentwickelt: Ausstellung – Rahmenprogramm – Öffentlichkeitsarbeit. Für alle drei Ebenen gibt es eine Struktur mit eigenen Terminen. Außerdem muss die Projektleitung in allen Phasen den Überblick über die Finanzen behalten.

---

[5] Vgl. Horst Siebert: Pädagogischer Konstruktivismus: Lernzentrierte Pädagogik in Schule und Erwachsenenbildung, Weinheim 2005³.

*Aus der Arbeit*

*a) Ausstellung*

Zur Planung der eigentlichen Ausstellung gehört die inhaltliche Erarbeitung des Themas durch Recherche in Fachliteratur und Hinzuziehung von Fachpersonen. Dies führt zur Erstellung eines ersten inhaltlichen Konzeptes, das für die Spieleausstellung wie folgt umrissen werden kann:

*Die Ausstellung beleuchtet verschiedene Aspekte zum Thema „Spiel" in Bezug auf die Bibel. Das Spektrum reicht dabei von historischen Grundlegungen bis zu moderner Spieltheorie. Die Ausstellung soll Spielräume schaffen und somit selbst zum Spielfeld werden. Die einzelnen Aspekte werden durch erklärende Texte erhellt. Das Spiel soll als Erfahrungsraum wahrgenommen werden – mit Gott, mir selbst, mit dem Nächsten.*

Das Spiel selbst ist so alt wie die Menschheit. Doch die Kirche lehnte es seit ihren Anfängen bis ins Mittelalter ab. Diese abgrenzende Haltung rührte zum einen aus der Ablehnung der antiken Circuspraxis, zum anderen wollte sich die Kirche mit dem Verbot von Tanz und ausgelassener Musik von den antiken heidnischen Kulten absetzen (vgl. Dionysoskult). Glücksspiel wiederum wurde als Herausforderung Gottes angesehen und damit als ein Werk des Teufels.

Es gab immer auch Ausnahmen. Schon früh spielten christliche Gruppen die Leidensgeschichte Jesu oder das Ostergeschehen in sogenannten Mysterienspielen nach. Doch die Einstellung zum Spiel änderte sich in der Kirche erst durch die Verknüpfung mit dem Erziehungsgedanken.

Der biblische Befund zum Stichwort Spiel zeitigt nur ein Ergebnis: Die Weisheit spielt vor Gott (Spr 8,30). Dabei ist wohl ein unverzwecktes Spielen in Gottes Angesicht gemeint. Dieser Aspekt der Kreativität des Spielens liegt den musischen Gestaltungsspielen zugrunde, zu denen neben der Musik auch das Rollenspiel und der Tanz gehören. Letzterer findet in der Bibel Erwähnung in Ex 15,21f. und in 2. Sam 6,14.

Auch der biblische Schöpfungsakt kann als freies Spiel Gottes verstanden werden.[6] In diesem Sinne ist die Schöpfung ein sich ständig weiterentwickelndes kreatives Spiel, das noch unendlich viele Gestaltungsmöglichkeiten enthält. Der Mensch ist dabei selbst Mitspieler. Die Schöpfung wird somit zum Erfahrungsraum mit Gott, mit mir selbst und den anderen.

Neben der textlichen Erschließung der Inhalte gehört in diesen Prozess auch die Sichtung von möglichen Exponaten. Für die Spieleausstellung wurden erst einmal sämtliche in Reichweite verfügbaren Brett- und Kartenspiele zu biblischen Themen angeschafft und ausgeliehen.

---

[6] Vgl. Rainer Buland: Spielitualität. Der spirituelle Weg im Spiel: Lila, Krida und Playing Arts, Salzburg 2015.

Des Weiteren erfolgte eine Sichtung möglicher Ausstellungsstücke in verschiedenen Museen und Archiven. Das Landeskirchliche Archiv in Stuttgart stellte uns einige Exponate alter Spiele zur Bibel zur Verfügung. Vom Mozarteum in Salzburg konnten wir Lotteriekarten aus dem 19. Jahrhundert ausleihen und das Schweizer Spielemuseum stellte uns den Spielplan des *„ludus clericalis"* von Wilhelm von Cambrai (10. Jh.) zur Verfügung.

*b) Rahmenprogramm*
Für das Rahmenprogramm konnten Kooperationspartner gefunden werden, mit deren Hilfe einzelne Aspekte der Sonderausstellung vertieft werden können: In Kooperation mit „Kirche unterwegs" und dem CVJM Stuttgart wird es einen Spieleabend geben. Gemeinsam mit dem ptz[7] wird der Jerusalemer Tempel via Minecraft erstellt. Mit einer Pfarrkollegin, die zugleich eine Tanzausbildung hat, wird eine Führung durch die Dauerausstellung mit Musik und Tanz angeboten. Ein Puppenspieler wird einen Abend mit Gleichnissen gestalten und die Entwicklung eines bibliorama-Brettspiels zusammen mit einem Spieleverlag ist angedacht.

*c) Öffentlichkeitsarbeit*
Mit der Festlegung des Themas und der Zielgruppe beginnt der Prozess der Öffentlichkeitsarbeit. In Zusammenarbeit mit einer Grafikerin entsteht ein Corporate Design für die Ausstellung. Es orientiert sich in Farb- und Formgestaltung an der Zielgruppe sowie an den Inhalten der Ausstellung. Für die Bewerbung der Ausstellung stellt die Projekt-

---

[7] Pädagogisch-Theologisches Zentrum der Evangelischen Landeskirche in Württemberg in Stuttgart-Birkach.

leitung ebenfalls einen Plan auf, der die Werbeflächen und -partner festhält und deren Redaktionsschlüsse. Auch die Aufgabe des Verfassens von Pressetexten kommt der Projektleitung zu. Das Einleiten der Werbemaßnahmen erfolgt in Absprache mit der für Anzeigen und Veranstaltungskalender zuständigen Mitarbeiterin.

## 5. Realisierungsphase

Bis Ende des Jahres 2018 ist die Planung der Ausstellung „Im Anfang war das Spiel" abgeschlossen. Nun bleiben drei Monate, in denen Texte verfasst, Mobiliar produziert, Medienvertreter informiert, Leihverträge geschlossen, Handwerker koordiniert, Führungskonzepte erdacht und Mitarbeitende geschult werden müssen. Die Klärung der Rechte, der Leihbedingungen und des Transports von Exponaten fallen ebenfalls in diesen Zeitraum.

Aus Gründen der Nachhaltigkeit wird in der Spielausstellung weitgehend auf Inventar zurückgegriffen, das bereits existiert. So werden nur Texttafeln, Beschriftungen und einzelne spezifische Elemente für die Ausstellung neu hergestellt. Die Ausstellung erhält einzelne Stationen mit Exponaten und Textinformationen. Ein großer Teil der Fläche ist allerdings dem Spielen selbst vorbehalten, sowohl dem Lernspiel als auch dem freien Gestaltungsspiel der Besucherinnen und Besucher. Dazu gibt es einen Spielteppich, Spieltische, Spielecomputer, großformatige Spiele, die zur Interaktion einladen und eine Playing-Arts-Wand, an denen die Besucherinnen und Besucher selbst ihren Beitrag zu einem Kunstwerk leisten können.

## 6. Folgephase

Während die Ausstellung läuft, muss sie natürlich auch betreut werden. Auch das Rahmenprogramm will organisiert, beworben und durchgeführt werden. Die Inhalte, die die Besucherinnen und Besucher durch Eigenbeteiligung hinterlassen, dienen der Erweiterung der Ausstellung und zugleich ihrer Dokumentation.

## 7. Abschlussphase

Ganz entscheidend neben dem Abbau und der Dokumentation der Ausstellung ist die Evaluation derselben. Diese erfolgt durch das Wahrnehmen des Presseechos und der Besucherzahlen, aber auch durch immer wieder während der Ausstellung stattfindende Besucherbefragungen. Auch die Auswertung des Rahmenprogramms und der Ausstellungsinhalte mit den Kooperationspartnern und im Team gehört dazu.

## 2.3 „Von der Oberfläche in die Tiefe" – am Modul zu Sara theologisches Wissen vertiefen

*Franziska Stocker-Schwarz*

Wie auf einem Panoramaweg können die Besucherinnen und Besucher mittels der 14+1 präsentierten biblischen Personen einen Gang durch das Buch der Bücher unternehmen. Dabei legt die museale Präsentation mit Sinneseindrücken die biblische Geschichte aus. So können die Geschichten ganzheitlich wahrgenommen werden. Sehen und Fühlen, Hören und Reden werden gleichermaßen benötigt, um die biblischen Raummodule zu durchschreiten. In einer „musealen Hermeneutik" werden die Besucherinnen und Besucher zu einem vertieften Verständnis der biblischen Traditionen geleitet. Dies soll in vier Schritten am Modul zu Sara verdeutlicht werden:

Erster Blick – Durch Beobachten entdecken – Tiefer hineingehen – Fundstücke – in der Tiefe verborgen

### 1. Erster Blick

In der zweiten Station auf dem Weg durch das bibliorama wird die Tradition der Erzeltern Abraham und Sara vorgestellt.
Es ist Sara, die sich den Besuchern vorstellt (siehe Foto S. 77).
*„Ich, SARA: Wir brechen gleich auf. Die Kamele sind beladen, die Wasserschläuche gefüllt, die Ziegen und Schafe zusammengetrieben – und ich bin wieder mal aufgeregt, obwohl wir doch schon recht lang unterwegs sind. Abraham will in das Land ziehen, das Gott ihm gewiesen hat.*

*Aus der Arbeit*

*Nachts grübele ich manchmal: Ob wir dort gut ankommen? Ich bin nicht mehr jung, und mein Mann auch nicht. Und es stehen große Veränderungen bevor. Ich erwarte ein Kind. Das ist fast unglaublich, in meinem Alter. Aber jetzt bin ich voller Zuversicht. Gleich geht es los!"*

Ein entscheidender Moment in Saras Leben wird museal inszeniert. Weil die Museumsmacher sich immer auf genau einen entscheidenden oder typischen Moment beschränken, bekommt dieser Ausschnitt klare Konturen.

Die Personen werden dadurch konkret und lebendig. Man müsste viele Seiten der Bibel durchblättern und lesen, um innerhalb der biblischen Überlieferung diesen Moment zu finden. Er ist ja eine Zusammenführung von Information und Kernaussagen dieser biblischen Geschichte. Gleichzeitig trägt die Inszenierung weitere Informationen

Zu Sara: Linien der Wüste und Augenfalten.

bei. Es erscheint aus der Wüstenlandschaft heraus übergroß ein Auge einer alten Frau. Ein Lichtspiel erregt einerseits Aufmerksamkeit, andererseits wird der Wechsel von Tag und Nacht damit angedeutet.

Die Menschen sind affiziert, treten hinter die Lichtinstallation und finden sich in einem durch die Fahnen gestalteten Zelt wieder. Gemütliche, gepolsterte Sitzbänke laden zum Verweilen ein. Die Teppiche, welche die Wände des Berberzeltes darstellen, sind auf den gedruckten Fahnen zu sehen Die Farbgebung der Station versetzt den Besucher in den trockenen Orient. Ein kunstvoll gestalteter Sternenhimmel spannt sich über den Sitzenden aus. Eine Schale mit Sand, darüber ein metallenes Pendel erinnert an eine Feuerstelle.

In diesem Raum kann Kindern die Geschichte von Sara und Abraham leicht nahegebracht werden. Schulklassen können mittels des

In Saras Zelt.

Sternenhimmels, der ein betont heliozentrisches Weltbild vermittelt, leicht in Themen des Religionsunterrichtes einsteigen:
- Wie veränderte sich die Schriftauslegung hinsichtlich der Weltbildfrage durch die Jahrhunderte?
- Was können wir über die Tradierung der biblischen Geschichten wissen?

## Durch Beobachten entdecken

Einzelbesucher werden durch knappe Texte in großer Schrift eingeladen, sich ohne überbordende Lektüre mit den biblischen Inhalten zu befassen. Grundsätzliches ist in großen Buchstaben geschrieben. Da heißt es zum Beispiel:

*„Das Gelobte Land der Bibel: wo Milch und Honig fließen*
*Aufbrüche und Neuanfänge sind nicht immer freiwillig und selbst gewählt.*
*Mut und Gottvertrauen erleichtern den Menschen die Veränderungen.*
*Sara und Abraham, sein Neffe Lot und ihre Familien sind unterwegs.*
*Sie brechen auf in das Land, das Gott ihnen zeigen will ...*

Es sind auch Bibelstellen an den Exponaten zu finden. Sie sind jeweils unterhalb der „ICH-Texte" aufgedruckt. Das Interesse der Menschen an den Quellen ist so groß, dass an verschiedenen Stellen zusätzlich Bibeln ausgelegt wurden.

Der Besucher kann selbst steuern, wie schnell er durch das bibliorama geht. Nimmt man nur die groß gedruckten Texte war, hat man schon Wesentliches über die Tradition der Bibel mitgenommen. Die Mitmachelemente unterstützen den Inhalt der Texte.

So ist es bei „Sara" möglich, meditativ Wege durch den Sand zu ziehen. Das Sandpendel zeichnet wunderschön Kreise und zeigt, dass,

Spuren im Sand.

selbst wenn Wege durchkreuzt werden, aus einem neuen Weg wiederum etwas Schönes werden kann.

Eine Hörstation lädt ein, sich neuen Mut zusingen zu lassen. Mit Liedern wie „Befiehl du deine Wege" oder „Vertraut den neuen Wegen" schöpfen viele Frauen und Männer hier im Zelt neue Zuversicht.

Interessierte werden jedoch in dieser Station auch noch viel mehr entdecken können. Denn jeder Station sind Themen zugeordnet worden, die sich aus der biblischen Überlieferung heraus als Kernthemen definieren lassen.

So sind das bei „Sara" die Themen wie Vertrauen, Neuanfang, Vertreibung und Migration. Wer sich auf die Themen eingelassen hat, wird mehr entdecken. So findet man hinter den Fahnen Informationstafeln zum Thema „Migration aufgrund religiöser Verfolgung".

Hier wird von den Waldensern berichtet, die in Württemberg Aufnahme fanden. Die pietistischen Kolonien Korntal und Wilhelmsdorf, von der Herrnhuter Brüdergemeine inspiriert, werden vorgestellt. Die Emigration aus Württemberg ins Zarenreich oder in die Vereinigten Staaten von Amerika wird erklärt. Des Weiteren wird auf die aktuellen Herausforderungen mittels der Global Care Chain eingegangen: Der Bedarf an Pflegepersonal in Deutschland führt zu einer Abwanderung aus z. B. Polen und Rumänien. Es sind meistens Frauen, die hier migrieren. Oftmals müssen sie ihre eigenen pflegebedürftigen Kinder oder Eltern zurücklassen.

Was die biblischen Überlieferungen vom Unterwegssein der Sara und Abraham erzählen, hat durch diese Perspektiven auch heute noch hohe Brisanz.

## 2. Tiefer hineingehen

Gerade an dieser Station ist es möglich, in die Fragen der Textüberlieferung der Bibel noch tiefer einzusteigen:

## 2.1. Sternenhimmel

Beim bereits erwähnten Sternenhimmel handelt es sich nicht um eine Fotografie. Er ist auch keine Projektion eines wandernden Sternenhimmels, sondern ein künstlerisch gestalteter Sternenhimmel. Er wurde in Anlehnung an den Deckenhimmel der Villa Stuck in München entworfen. Die Sonne, von den Planeten umkreist, ist golden auf blauen Grund gemalt. Dieses Kunstwerk kann zum Ausgangspunkt werden, um die Ansichten über das Weltbild in den verschiedenen Jahrhunderten zum Thema zu machen: Die Schriften von Nikolaus Kopernikus (*De Revolutionibus Orbium Celestium*, 1543) waren auf dem Index der verbotenen Schriften und von seinem heliozentrischen Weltbild durfte nur noch als Hypothese gesprochen werden. Erst zu Beginn des 19. Jh. wurde es vom Index gestrichen.

Auch unter den Protestanten fanden sich im 16. Jh. sehr viele Kritiker. Es waren Männer wie Johannes Calvin oder auch Martin Luther. Letzterer sagte in einer Tischrede: „Es ward gedacht eines neuen Astrologi, der wollte beweisen, daß die Erde bewegt würde und umginge, nicht der Himmel oder das Firmament, Sonne und Monde; gleich als wenn einer auf einem Wagen oder einem Schiffe sitzt und bewegt wird, meinete, er säße still und ruhete, das Erdreich und die Bäume gingen um und bewegten sich ... Der Narr will die ganze Kunst *Astronomiae* umkehren. Aber wie die heilige Schrift anzeigt, so hieß Josua die Sonne still stehen, und nicht das Erdreich."[1]

Hierbei bezieht er sich auf Jos 10,13: „Da stand die Sonne still und der Mond blieb still, bis sich das Volk an seinen Feinden gerächt hatte." (Luther 2017)

In Baden-Württemberg ist Johannes Kepler sehr bekannt. Er veröffentlichte im Jahr 1609 die Schrift *„Astronomia nova"*. Seine Beobachtung war, dass die Planeten in elliptischen Bahnen um die Sonne ziehen. Er wurde von den Evangelischen damals verlacht und als „Schwindelhirnelein"[2] beleidigt.

Der Diskussionsprozess um das Verständnis der Bibel dauerte über viele Jahrhunderte. Wie die Bibel zu verstehen ist, wurde „am Sternenhimmel" diskutiert. Es ist bemerkenswert, dass Galileo Galilei erst

---

[1] Martin Luther, Tischreden Nr.. 855, WA.TR 1, S. 419 (ca. 1533), eine lateinische Fassung WA.TR 4, 412, datiert auf den 4.6.1535; online unter http://gutenberg.spiegel.de/buch/tischreden-9666/52 (eingesehen am 23.02.19).

[2] https://www.astronomische-vereinigung-augsburg.de/artikel/astronomiegeschichte/kopernikus-weltbild/?type=98 (eingesehen am 08.03.19).

im Jahr 1992 von der römisch-katholischen Kirche rehabilitiert worden ist.[3]

Heutzutage haben wir als Christen diese Streitfrage hinter uns gelassen. Es ist bekannt, dass die biblischen Überlieferungen die Naturphänomene so beschreiben, wie die Menschen sie sahen. Auch in heutiger Zeit sagt man noch: „Die Sonne geht auf!" oder „Die Sonne geht unter!" Dabei dreht sich die Erde mit ihren Bewohnern in großer Geschwindigkeit (ca. 107.200 km/h) um die Sonne. Dennoch heißt es im deutschen Sprachgebrauch nicht: „Die Erde hat sich heute Abend aber besonders schön weiter gedreht …"

## 2.2. Die Teppichbahnen

Die Fotografien zeigen echte Berberteppiche aus Algerien. Durch die sichtbare Webtechnik sind sie auch ein Anknüpfungspunkt zur Geschichte biblischer Textüberlieferung. Zur Entstehung des Buchs Genesis gibt es verschiedene Theorien. Im bibliorama wird dabei die Quintessenz alttestamentlicher Forschung der vergangenen Jahrzehnte präsentiert.

Zunächst ist hier von „Dicht gewebten Erzählungen" die Rede. In einer Wortwolke wird die Häufigkeit der gebrauchten Wörter festgehalten.

*Eine Cloud zeigt folgende Worte, verschieden groß, je nach Häufigkeit: Gott (ca. 250 x), Herr (ca. 350 x), Vater (ca. 110 x), Mutter (27 x), Sohn (ca. 85 x), Tochter (48 x), Nachkomme (36 x), zahlreich (6 x), Bund (32 x), Gebot (31 x), Opfer (22 x), Land (ca. 170 x), aufbrechen (13 x), gehen (ca. 90 x), Abraham (59 x), Sara (17 x), Isaak (25 x), Hagar (3 x), Ismael (6 x), Lot (7 x), Jakob (53 x), Esau (20 x), Rebekka*

---

[3] Galileo Galilei veröffentlichte „*Sidereus Nuncius*" im Jahr 1610.

*(9 x), Lea (9 x), Rahel (10 x), Laban (8 x), Zelt (22 x), Kamel (9 x), Esel (21 x), Ziege (12 x), Schaf (45 x) gebären (16 x), zeigen (10 x), lieb haben (14 x)*

Dann ist hier von den „Erzelterngeschichten der fünf Bücher Mose" die Rede. Hinter diesem Ausdruck steckt eine theologische Entscheidung.

Noch 1980 wurde in der Einheitsübersetzung die biblische Überlieferung von Genesis 11,10 bis 36,43 mit „Die Erzväter" überschrieben.

Martin Noth konnte noch sagen, dass die Frauen in dem Bereich der Erzväter-Geschichten „jeweils nur in Beziehung zu dieser oder jener männlichen Gestalt" auftreten. Sara wurde von ihm „ein für den Zweck der Abrahamerzählungen geschaffenes Gebilde" genannt. Rebekka „eine ad hoc geschaffene Erzählungsfigur mit einem entsprechenden Namen".[4] Es war Claus Westermann, der feststellte, dass den Frauen „sicher eine größere Bedeutung" zukommt, als dies in der wissenschaftlichen Exegese allgemein angenommen wird.[5]

Als neuere Arbeit ist hier Irmtraud Fischer zu nennen, „Die Erzeltern Israels".[6] Mit ihrer Arbeit hat sich der Begriff Erzelterngeschichten auch in der Theologie verbreitet.

## 2.3. Schautafel

So wird als Quintessenz hier im bibliorama festgehalten:
**„Spurensuche im Sand"**
**Eine archäologische Auswahl**

---

[4] Martin Noth, Überlieferungsgeschichte des Pentateuch, Stuttgart 1948, S. 164.
[5] Claus Westermann, Genesis 12-36, BK I/2, Neukirchen-Vluyn 1981, S. 384f.
[6] Irmgard Fischer, Die Erzeltern Israels. Feministisch-theologische Studien zu Genesis 12-36, BZAW 222, Berlin 1994.

*Aus der Arbeit*

> „Das Alte Testament blickt auf eine Vergangenheit zurück, die schon für die Verfasser der Texte weit zurück lag. Die Geschichten von den Erzeltern und von der Landnahme handeln in vorstaatlicher Zeit (2. Jahrtausend). Sie wurden unter den israelitischen und judäischen Königen aufgeschrieben (1. Drittel 1. Jahrtausend) und nach deren Niederlagen (2. Drittel 1. Jahrtausend) überarbeitet. Sie erinnern daran, dass das Volk Israel einst fremd in ein Land gekommen war, das es als Gottes Geschenk verstand. Vor den Israeliten hatte dieses Land schon eine lange Geschichte."

Das bibliorama wendet sich in erster Linie an Menschen, die die Bibel nicht mehr kennen oder schon lange nicht mehr in der Hand hatten. Daher wird mit Bibelversen im bibliorama auch sparsam, aber bewusst umgegangen. Es ist der Museumsleitung wichtig, dass die Bibel nicht nur ein christliches Buch ist, sondern ein Buch des Lebens.

Daher soll der Mensch, der das bibliorama besucht, die Phänomene des Handelns, Glaubens, der Beziehungen von Menschen untereinander und zu Gott entdecken können.

## 3. Fundstücke – in der Tiefe verborgen

Auf der Spurensuche innerhalb der biblischen Überlieferung lassen sich besondere Fundstücke entdecken (diese sind im bibliorama nicht zu finden):

Sara war eine Halbschwester Abrahams. Sie hatten denselben Vater, Terach, aber verschiedene Mütter (vgl. 1. Gen 11,29+31; 20,12).

Sara wird im Prophetenbuch Jesaja als ewiges Heil Israels gepriesen. „Hört mir zu, die ihr der Gerechtigkeit nachjagt, die ihr den HERRN sucht: Schaut den Fels an, aus dem ihr gehauen seid, und des Brunnens Schacht, aus dem ihr gegraben seid. Schaut Abraham an, euren Vater, und Sara, von der ihr geboren seid. Denn als einen Einzelnen berief ich ihn, um ihn zu segnen und zu mehren. Ja, der HERR tröstet Zion, er tröstet alle ihre Trümmer und macht ihre Wüste wie Eden und ihr dürres Land wie den Garten des HERRN, dass man Wonne und Freude darin findet, Dank und Lobgesang." (Jes 51,1-3 Luther 2017)

Die rabbinische Überlieferung preist Saras Schönheit: „Wie glänzend und schön ihres Antlitzes Aussehen und wie fein das Haar ihres Hauptes, wie lieb ihre Augen und wie ansprechend ihre Nase und die ganze Ausstrahlung und wie lieblich ihre Brüste und wie schön all ihre weiße Haut. Ihre Arme, wie schön und ihre Hände, wie vollendet! ..." (Genesisapokryphon)

Auch der Midrasch widmet Sara viel Aufmerksamkeit. Sara wird hier als eine der sieben Prophetinnen gepriesen! Es wird dabei gerühmt, dass ihre Gabe der Prophetie die Abrahams übersteige![7]

Im Römerbrief nennt Paulus Sara gemeinsam mit Abraham (Röm 9). In seinem Brief an die Galater wird sie als Vorbild aller freien Gotteskinder gezeigt (Gal 4,24-26). Paulus zitiert an dieser Stelle das Buch Jesaja: „Sei fröhlich, du Unfruchtbare ...!" (Jes 54,1). Und schließlich wird Sara auch im Hebräerbrief als Glaubenszeugin gelobt (Hebr 11).

Durch die Spurensuche in der Heiligen Schrift kommt der Betrachter zum Fazit, dass die Rede von den Erzeltern angemessen ist.[8]

---

[7] Calwer Bibellexikon, Artikel „Sara", Stuttgart 2003, S. 1172.
[8] Für die Durchsicht dieses Kapitels danke ich Vikar Lukas Harbig.

## 2.4 Drei häufig gestellte Fragen

*Beate Schuhmacher-Ries / Franziska Stocker-Schwarz*

### Wo ist das Nomadenzelt aus Möhringen?

Vielen Besuchern ist das Bibelmuseum der Deutschen Bibelgesellschaft noch in guter Erinnerung, insbesondere das Nomadenzelt aus schwarzem Ziegenhaar. Darin zu sitzen, war etwas Besonderes, denn die biblischen Geschichten ließen sich dort gut erzählen. Das Zelt wurde 1987 in Möhringen aus Stoffbahnen zusammengenäht, die Diakon und Reiseleiter Dieter Vanselow in Jordanien gekauft hatte. Teilnehmer einer Reisegruppe nahmen die 20-25 Rollen beim Rückflug mit. Leider haben die (womöglich schon aus Jordanien mitgebrachten) Motten den Ziegenhaarstoff im Lauf der Zeit so zernagt, dass das Zelt 2009 entsorgt werden musste.[1]

### Nehmen Sie im bibliorama alte Bibeln an?

Das bibliorama ist ein Erlebnis- und Mitmachmuseum. Es besitzt und führt selbst keine Bibelsammlung. Denn in Stuttgart ist in der Württembergischen Landesbibliothek die größte deutsche Bibelsammlung (mit z.Zt. ca. 21.000 gedruckten Exemplaren in über 700 Sprachen) sicher archiviert. Das kam so: Ein württembergischer Herzog kaufte zwei Bibelsammlungen für die von ihm gegründete öffentliche Bibliothek. In Stuttgart vermehrten die Pflichtexemplare der Württembergischen Bibelanstalt den Bestand. Weiteres kam und kommt aus den verschiedensten Quellen hinzu, übernommen, getauscht oder ge-

---

[1] Für die genauen Informationen danken wir Ruprecht Veigel, ehemaliger Leiter des Bibelmuseums der Deutschen Bibelgesellschaft.

schenkt, nicht zuletzt aus einem regelmäßigen Kaufetat bis zum heutigen Tag!

Manche Bibeln sind aus unterschiedlichen Gründen beschädigt und bedürfen der Restaurierung. Das Buchpatenschaftsprogramm ermöglicht es Interessenten, die Rettung einzelner wichtiger Objekte finanziell zu unterstützen.[2]

## Was bedeutet das Hochzeitsbild bei den Propheten?

**1. Eine Interpretation von Franziska Stocker-Schwarz**

Das Foto SCHAU GENAU! stammt aus dem Archiv des Erlanger Fotografen Ben Förtsch – und wurde von ihm verfremdet. Es kann verschieden interpretiert werden.

Inmitten einer Gruppe von Menschen kann nur einer „richtig" sehen. Er hält eine Feder in der Hand. So kann das Bild ein Hinweis auf die Fähigkeit der als Propheten berufenen Menschen sein, mehr als andere zu sehen und diese Eindrücke schriftlich festzuhalten.

Dass auf dem Bild Leute von heute fotografiert wurden, vermittelt, dass solch eine Begabung, prophetisch zu agieren, auch im 21. Jh. noch möglich erscheint.

**2. Eine Interpretation von Beate Schuhmacher-Ries**
 **im Dialog mit den Besucherinnen und Besuchern**

„Stellen Sie sich dem Foto an der Zeitungswand in einiger Entfernung gegenüber.

---

[1] Vgl. https://www.wlb-stuttgart.de/sammlungen/bibeln (eingesehen am 23.02.19). Für die vielfältige Unterstützung danken wir Dr. Christian Herrmann, Leiter der Historischen Sammlungen und Alte und wertvolle Drucke / „Bibelsammlung" der Württembergischen Landesbibliothek Stuttgart.

*Was erkennen Sie aus der Ferne auf dem Bild?*
Antwort: Hochzeitsgesellschaft

Gehen Sie ganz nahe dran und schauen Sie genau.
*Was erkennen Sie jetzt?*
Häufige Antwort: Menschen ohne Augen, ein Mann mit Augen und mit einem Messer

Jetzt gehen Sie wieder zurück. Sie können die „augenlosen" Menschen nicht mehr erkennen, aber Sie wissen es jetzt.

So oder ähnlich ist es mit dem prophetischen Reden vorstellbar. Die Propheten sehen, hören, empfinden Dinge, die für andere verschlossen, nicht sichtbar oder hörbar sind.

## 2.5 Museumsbegleiterinnen und Museumsbegleiter haben das Wort

Schon vor der Eröffnung des bibliorama im Mai 2015 wurden durch Religions- und Museumpädagogin Beate Schuhmacher-Ries Frauen und Männer geschult, die Interesse an der Mitarbeit im bibliorama bekundet hatten. Inzwischen wurden drei Schulungen durchgeführt. Daher gehören zu den Museumsbegleiterinnen und Museumsbegleitern inzwischen fast 40 Personen. Manche von ihnen zählen sich besonders zu den Ausstellungsbetreuerinnen und Ausstellungsbetreuern, die an Wochenenden den Besucherinnen und Besuchern zur Seite stehen, um ihre Fragen zu beantworten.

Im Folgenden geben einige von ihnen wider, was sie motiviert, im bibliorama mitzuarbeiten.

**Christa Daniels**
Darum arbeite ich im bibliorama:
Das gute Mitarbeiterteam inklusive den Verantwortlichen und den vielfältigen regelmäßigen Fortbildungen motiviert mich. Das weitet den persönlichen Horizont. Ich freue mich an Menschen und Gruppen, die Interesse an der Bibel haben. Ich reise gerne in die Welt der Bibel und nehme die Zuhörer mit. Ich bin gerne Brückenbauer zum Verständnis der Bibel und ihrem aktuellen Bezug zu unserem Heute.

**Traudl Reichert**
Junge Menschen können im „bibliorama" erleben, dass die Geschichten der Bibel sehr aktuell sind. (Heute wie damals hoffen und zweifeln Menschen, erleben Glück und Freude, aber auch Enttäuschung und Trauer.) Menschen haben ihre Geschichte mit Gott – damals und

heute! Dies möchte ich Kindern und Jugendlichen immer wieder nahe bringen.

**Denise Remmele**
Darum arbeite ich gern im bibliorama mit:
> Ich führe gerne die Klassen 1 – 6.
> Die Kinder sind so aufmerksam, motiviert und wissbegierig.
> Man kann von ihnen durch ihr Fragenstellen selbst noch viel lernen.
> Es macht einfach Spaß, die biblischen Geschichten mit allen Sinnen durch die verschiedenen Stationen erlebbar und erfahrbar zu machen.

**Martin Stephan**
Darum arbeite ich gern im bibliorama mit:
> Für mich ist es ein großes Vorrecht, den Menschen die Bibel öffnen zu dürfen.

**Jochen Waldmann**
Warum ich im bibliorama mitarbeite …
> … weil ich immer wieder interessanten Besuchern von nah und fern begegne. Bei den Gesprächen über die biblischen Personen und ihren Geschichten ergeben sich gute Gelegenheiten, zum Lesen der Bibel zu ermuntern und den eigenen Glauben zu reflektieren.

**Jürgen Wolf**
Warum arbeite ich sehr gerne im bibliorama mit?
> Im bibliorama habe ich die Bibel mit völlig neuen Aspekten kennengelernt. Die verschiedenen Personen im Alten und Neuen Tes-

tament beschäftigen mich seither auch im Alltag, in dem ich viele Parallelen finde. Der Kontakt zu den Besuchern. deren Einsichten, Meinungen und Erfahrungen beleben und erweitern mein Glaubens-Spektrum, darum sind meine Führungen oder Ausstellungs-Betreuungen immer spannend und überraschend. Die Hilfestellungen der pädagogischen Leiter ermutigen, und eröffnen mir neue Blickwinkel. Das „bibliorama" ist durch seine freundliche, offene und einladende Atmosphäre zu meiner kleinen Heimat geworden.

# 3. In die Zukunft

## 3.1 „Ohne Noah und seine Söhne geht es nicht" – zu Sintflut, Regenbogen und Tradition

*Franziska Stocker-Schwarz / Frank Zeeb*

FS: Wenn ein Regenbogen am Himmel steht, dann reißt es Groß und Klein von den Sitzen. Dann muss man schauen, staunen. Die Augen leuchten. Ein Regenbogen ist in seiner Farbenpracht und seiner Lichtdurchlässigkeit ein echtes Naturschauspiel.

Gäbe es keinen Regenbogen, dann würde dem Himmel etwas fehlen. Gerade in der Zeit der Unwetter ist er ein starkes Zeichen der Hoffnung auf Besserung.

In der Bibel ist der Regenbogen mit dem Urmensch Noah verbunden. Er war ein frommer Mann und ohne Tadel in seinen Zeiten. In einer Zeit voller Bosheit lebte Noah. Doch er lebte anders. Gott sah ihn gerne an. Gott gab ihm den Auftrag, eine Arche zu bauen. Gott rettet Noah und seine Familie vor der Flut.

FZ: Das steht in einer ganz langen Linie. Zunächst einmal in der Bibel selbst. Am Anfang des Alten Testamentes wird – zweimal sogar – erzählt, dass Gott die Welt und die Menschen schuf. Die beiden Erzählungen sind unterschiedlich in ihrer Darstellung, auch in der Reihenfolge. Aber klar ist, dass in beiden erzählt wird, dass Gott der Urheber von allem ist und dass es so, wie es ist, seinem ursprünglichen Willen entspricht.

Aber dann werden die Menschen viele und sie halten sich nicht an Gottes Willen. Deshalb beschließt Gott, die Schöpfung und die Menschen sozusagen noch einmal auf Null zu stellen. Er lässt die Sintflut kommen und durch die hindurch wird nur ein kleiner Teil der Schöpfung und der Menschen gerettet.

Mit diesem Rest fängt Gott neu an. Er tut – teilweise mit genau denselben Worten – dasselbe an der neuen Schöpfung, was er an der ersten getan hat: Er segnet die Menschen und schließt einen Bund. Das Zeichen dieses Bundes ist der Regenbogen.

Die theologische Aussage ist die: Die Schöpfung kann sich nicht selbst erhalten. Sie ist immer gefährdet. Deshalb ist sie auf Gottes Segen und seinen Bund angewiesen. Und eine große Gefährdung ist das Verhalten der Menschen – höchst aktuell. Gott aber bleibt der ursprünglichen Verheißung treu, trotz allem. Er rettet durch die Wasser der Sintflut hindurch und ermöglicht einen neuen Anfang.

Die zweite Linie ist die ins Neue Testament. Die Gefährdung des Menschen durch die Wasser der Sintflut und der eigenen Fehlbarkeit wird in der Taufe aufgenommen. Auch hier geht der Mensch durch das Wasser – das wird mit dem Tod Christi verglichen – und in der Taufhandlung sagt Gott ihm seinen Bund und seine Verheißung zu.

Und eine dritte Linie ist die Religionsgeschichte. Der Zusammenhang von Schöpfung und Sintflut findet sich auch in anderen Kulturen, am bekanntesten im Alten Orient, in den großen babylonischen Epen, aber auch in Griechenland, in Indien und in China und sogar in der altisländischen Edda. Immer geht es darum, dass die Schöpfung gefährdet ist, nur wenige Menschen die große Flut überleben, aber der Welt dann ihr Bestand zugesagt wird.

FS: In der musealen Umsetzung galt es, auch die Person des Noah mit einem „ICH-Text" vorzustellen.

Dabei kamen verschiedene Situationen für die Vorstellung in Frage:

1. Noah nach dem Verlassen der Arche

„Wann haben Sie ihn zum letzten Mal gesehen? Einen Regenbogen – so hoch am Himmel, so weit leuchtend, in allen Teilen der Erde zu sehen.

Als ich wieder festen Grund unter den Füßen hatte, strahlte noch nichts. Alles war untergegangen, alle Bosheit, alle Gewalt. Mann und Maus war ertrunken. Nur meine Familie und ich wurden von GOTT gerettet. Was waren wir verlacht worden, als wir auf trockenem Land das große Schiff bauten. Aber GOTT hatte es doch befohlen. Wir hörten und gehorchten ihm.

Zum Glück! Denn meine drei Jungs Sem, Ham und Jafet und meine Allerliebste haben überlebt, dazu alle Tiere!

Wenn ich den Regenbogen sehe, dann macht mich das ruhig: Nie mehr wird solch eine Katastrophe die Welt treffen. Ich bin froh."

2. Noah beim Besteigen der Arche

„Ich bin ja kein Mann großer Worte. Mit meinen Söhnen habe ich in der letzten Zeit nur das Nötigste geredet, ich brauch mal den Hammer, hast du noch genug Balken und so. Und nun sollen wir gemeinsam in den Kasten steigen, GOTT will ihn hinter uns abschließen. Na, unsere Nachbarn werden das gewiss nicht tun, so, wie die uns ausgelacht haben. Aber das Lachen wird ihnen schon vergehen, wenn ER sie wirklich ertrinken lässt. Keine schöne Vorstellung. Warum ER meine Familie und mich verschonen will? Naja, ich hab mich halt bemüht, anständig zu bleiben. Und dass die Kinder rechtschaffene, gottesfürchtige Menschen werden. Aber ob mich das so viel besser als die anderen macht ..."

In der weiteren Arbeit entstand durch die Textarbeit von Dr. Susanne Claußen folgender Ich-Text:

3. Noah (das Verlassen der Arche liegt schon lange Zeit zurück)
ICH, NOAH
„Jetzt verblasst er wieder, der Regenbogen. Wie die meisten Erinnerungen irgendwann. An die Zeit vor der großen Flut, an die dunklen Tage im Kasten, an das nicht abreißende Tosen der Wellen, das dumpfe Trommeln des Regens – verblasst alles. Aber die Erinnerung an den ersten Regenbogen nach der großen Flut, die bleibt. Sein gleißendes Licht ist für immer in mein Herz gebrannt. SEIN gleißendes Licht, denn ER war es, der uns das Zeichen in den Himmel gesetzt hat. Für meine Frau und mich, für meine Söhne Sem, Ham und Jafet und ihre Frauen. Jeder Regenbogen ist SEINE Erinnerung daran: Dass nicht aufhören werde Saat und Ernte, Frost und Hitze, Sommer und Winter, Tag und Nacht. Nie wieder."

Das Planungsteam hatte sich für die Zukunftsperspektive entschieden. Der überleitende Text wurde von Dr. Susanne Claußen folgendermaßen formuliert:

„Schutzraum und Versprechen. Zukunft mit Gott.

Die Geschichte von Noah ist eine Geschichte voller Zukunft. Gott gibt Noah, seiner Familie und allen Tieren einen Schutzraum, damit sie die Vernichtung überstehen und weiterleben. Gott verspricht am Ende der Vernichtungswelle, dass er in Zukunft zu seiner Schöpfung stehen wird, was auch immer passiert. Er entbindet uns dabei nicht von seinen Geboten. Ganz im Gegenteil: Der Bund mit Noah schließt Gebote ein, die für immer und für alle Menschen gelten. Aber die Erzählung von Noah überliefert, dass Gott unser Versagen in Zukunft einkalkuliert hat."

Der Regenbogen soll als Zeichen für hoffnungsvolle Zukunft und Treuegarantie Gottes im bibliorama an die Wand gezeichnet werden. Seine Strahlen sind aus Bibelversen zusammengesetzt.

Genesis / 1. Mose 6,18+19: „Aber mit dir will ich meinen Bund aufrichten, und du sollst in die Arche gehen mit deinen Söhnen, mit deiner Frau und mit den Frauen deiner Söhne. Und du sollst in die Arche bringen von allen Tieren, von allem Fleisch, je ein Paar, Männchen und Weibchen, dass sie leben bleiben mit dir."

Genesis / 1. Mose 8,22: „Solange die Erde steht, soll nicht aufhören Saat und Ernte, Frost und Hitze, Sommer und Winter, Tag und Nacht."

Unter dem Regenbogen wird im bibliorama ein Holzkasten zu sehen sein. Das soll an die „Arche" erinnern. Denn in der biblischen Tradition ist nicht von einem „Schiff" die Rede. Sondern das hebräische Wort „Tewah" bedeutet „Kasten". Dasselbe Wort wird auch benutzt, wenn im Buch Exodus / 2.Mose von dem „Schilfkörbchen" erzählt wird, in welches das Baby Moses zur Rettung hineingelegt wird.

In beiden Geschichten wird das Leben aus dem Wasser gerettet.

Für die evangelischen Christen sind die Erklärung Martin Luthers zum ersten Artikel des Glaubensbekenntnisses und sein Sintflutgebet wichtige Glaubenstexte, die die biblischen Traditionen aufnehmen.

„Ich glaube, dass mich Gott geschaffen hat **samt allen Kreaturen…**"

„Allmächtiger Gott, Herr des Himmels und der Erde. Wir danken dir für das Wasser, das du geschaffen hast. Durch das Wasser erhältst du deine Geschöpfe am Leben. Durch das Wasser der Sintflut hast du die Sünde gerichtet und Noah gerettet …"

FZ: An der Beobachtung, dass wir den „Kasten" nicht genau fassen können, ist mir eines wichtig: Die Vorstellung von Gottes Rettung ist nicht von konkreten Gegenständen abhängig.

Deshalb ist auch die Suche nach der Arche eigentlich nicht hilfreich. Gott rettet durch sein Wort und seine Verheißung. Dass es dazu auch konkrete Dinge braucht, ist klar, aber die sind nicht das Entscheidende.

Sie sind Zeichen. Der Regenbogen ist ein Zeichen der Erinnerung an den Bund. Das Wasser der Taufe ist ein Zeichen, Brot und Wein beim Abendmahl sind Zeichen. Aber sie sind mehr als pure Symbole, weil wir in ihnen Gottes Verheißung sinnlich wahrnehmen können, weil uns sein Bund vergewissert und vergegenwärtigt wird.

**FS:** Schließlich war es dem Planungsteam wichtig, dass die Söhne Noahs – Sem, Ham und Jafet – Erwähnung finden. Denn die Auslegungstraditionen, die sich um dieses Trio ranken, sind reichhaltig. So wird in Genesis / 1. Mose 9,18-29 von der Schamlosigkeit des Ham und dem Fluchwort Noahs über Hams Haus gesprochen. Die Söhne Sem und Jafet werden dagegen gesegnet. Sem gilt als der Urahn Abrahams (Genesis / 1. Mose 11,10-26).

**FZ:** Um die aktuelle Bedeutung der Söhne Noahs zu verstehen, müssen wir noch einen Blick in die Wirkungsgeschichte tun. Über Sem haben wir eben gesprochen. Er gilt über Abraham als Ahnherr der semitischen Völker – zu denen neben den Hebräern eben auch die arabischsprachigen Völker gehören. Daher ist der Begriff „Antisemitismus" eigentlich unsinnig. Es gibt keine „semitische Rasse", es gibt nur eine Sprachgruppe semitischer Sprachen, die aber genetisch nicht miteinander verwandt ist. Alles das sind ideologische Deutungen aus dem 19. Jahrhundert, die letzten Endes von einem Hass auf die Juden geprägt waren. Den biblischen Verfassern war immer klar, dass Israel in einer Sprach- und Nationengemeinschaft steht.

Ham ist unter den Söhnen Noahs die tragische Gestalt, weil er sich sofort nach der Errettung den Fluch zuzieht. Auch hier wurde Ham als Urvater betrachtet, aber eben der Völker, die so genannte „hamitische" Sprachen sprechen, also weite Teile Afrikas. Die Geschichte von

Ham diente dann weißen – amerikanischen, aber auch islamischen – Sklavenhaltern dazu, biblisch zu „belegen", dass die schwarzen Sklaven minderwertig seien, verflucht, keine richtigen Menschen und ihre Versklavung Gott wohlgefällig sei.

Merkwürdig blass bleibt in der Tradition der dritte Sohn, Jafet. Auch hier hat man im 19. Jahrhundert eine – völlig widersinnige – Theorie von einer Urverwandtschaft der indoeuropäischen und der kaukasischen Sprachen herausgesponnen.

Auch die Frauen werden nicht weiter erwähnt, sie bleiben namenlos.

**FS:** Schon in der Erstplanung des bibliorama wurde überlegt, Noah und die Arche in den Gesamtweg der musealen Darstellung aufzunehmen.

Jochen Hunger und sein Team hatten vor, menschliche Gestalten und eine Art Arche in die Ornamentfassade einzuordnen. Diese Fassade gewährt durch verschiedene Ornamente aus Flora und Fauna reizvolle Lichtspiele im Inneren. Das gesamte bibliorama wird durch diese perforierte Stahlfassade von der Vielfalt der Tier- und Pflanzenwelt umschlossen.

Hier hätte jenseits der Ebene wissenschaftlich objektivierter Realität die Andeutung des menschlichen Geschlechts einen Ort finden können. Die in der Bibel enthaltene Heilsgeschichte hätte mit der Anmutung einer „Arche" schon an der Außenfassade des bibliorama seinen Anfang nehmen können. Diese Ausführung unterblieb jedoch in dem Entwurf, der im Jahr 2015 realisiert wurde.

Durch eine Anregung von Dr. Michael Blume und Pfarrer Jürgen T. Schwarz soll Noah als fünfzehnte biblische Person nun im Innenraum des bibliorama platziert werden. Denn das bibliorama soll ein

> **Pfarrer i. R. Klaus Sturm**
> 
> *Es freut mich, dass das bibliorama die Botschaft der Bibel kreativ und informativ umsetzt und dem Besucher den persönlichen Zugang zum Glauben ermöglicht. Dafür habe ich mich seit 2007 eingesetzt.*

zeitgemäßes Museum bleiben. Dazu gehört es, dass nicht nur Sonderausstellungen Abwechslung bringen, sondern dass ebenso auf aktuelle gesellschaftliche Impulse reagiert werden kann. (vgl. Kapitel 3.2) Gemäß der Zielsetzung insgesamt soll daher eine neue Mitmach- und Impulsstation zu Noah und seinen Söhnen entstehen.

Daher kann der Besucher gespannt sein, was Jochen Hunger und sein Team zu Noah entwickeln werden. Soviel sei schon verraten: Die Ornamentfassade wird auch im Inneren des bibliorama wachsen. Das bibliorama freut sich darauf, im Mai 2019 einen ersten Teil der Neugestaltung zu Noah der Öffentlichkeit präsentieren zu können. Die Gesamtgestaltung wird im Jahr 2020 fertig gestellt werden. Der Evangelischen Landeskirche in Württemberg und ihrer Landessynode sei gedankt, dass das bibliorama – das bibelmuseum stuttgart als museale Präsentation der Bibel weiterhin ein besonderes Projekt in der Arbeit für Bildung und Verkündigung sein kann.

## 3.2 „Entweder wir werden zusammenleben, oder wir werden sinken" – die semitische Schrifttradition und ihre Bedeutung für gesellschaftliches Zusammenleben

Zu einem gemeinsamen Projekt des bibliorama und dem Beauftragten gegen Antisemitismus

*Michael Blume / Simone Helmschrott*

Der Noahmythos – weit mehr als eine Kindergeschichte

Auch heute noch kennen fast alle Menschen die biblische Geschichte von Noah: Das Fehlverhalten der Menschen, den göttlichen Zorn, die Sintflut und dann die Versöhnung unter dem Regenbogen. Viele denken hier nur an eine harmlose Kindergeschichte, doch tatsächlich markiert sie einen großen Schritt in der Religionsgeschichte: Gott ist nicht mehr ein absoluter Herrscher, sondern er bindet sich selber an einen Bund, an eine Verfassung, symbolisiert im bunten Bild des Regenbogens, die allen Menschen als „Kindern Noahs" gilt. Deswegen müssen Jüdinnen und Juden auch nicht missionieren: Laut dem Talmud reicht es völlig aus, wenn Nichtjuden die sieben Gebote Noahs einhalten, um „Anteil an der kommenden Welt" zu erlangen. Und eines dieser sieben Gebote lautet: Begründet einen Rechtsstaat!

Und wer überliefert dies alles? Nach jüdischer Überlieferung begründet niemand anderes als der Noahsohn Sem das erste Lehrhaus und amtiert dort auch als Richter. So wird das Judentum zur ersten semitischen Schriftreligion, dann aber auch Christentum, Islam, Bahai und weitere. Heute stehen auch völlig nichtreligiöse Richterinnen und Richter in genau dieser Tradition: Sie legen das Recht aus, das in Texten wie Menschenrechtserklärungen und dem deutschen Grundgesetz verschriftet ist.

Das Geheimnis des „Semitismus", der von Sem begründeten Tradition, lag und liegt aber nicht nur in den Inhalten, sondern im Medium der Schrift und konkret sogar in den Details seiner Alphabetschriften.

Denn Hebräisch und Arabisch sind vokalarme Schriften, die meisten Wörter werden nur durch Konsonanten wiedergegeben. Die Alphabete z.B. der meisten christlichen Kirchen und auch die indischen Silbenalphabete sind dagegen vollvokalisiert.

Wer Hebräisch oder Arabisch liest, muss daher nicht nur die Konsonanten erfassen, sondern im Gehirn die passenden Vokale einfügen. Was für eine assoziative, bildbezogene Leistung! Und wie man inzwischen weiß, vor allem eine Leistung, die bei den meisten Menschen in der rechten Gehirnhälfte geleistet wird. Dies aber hat wiederum enorme Konsequenzen: So liest es sich besser, wenn von rechts nach links gelesen wird – und wenn die rechte Hemisphäre nicht mit zusätzlichen Bildern und Tönen überlastet wird. Wenn diese Voraussetzungen erfüllt werden, können Lesende des Hebräischen und Arabischen einen beglückenden „Flow" erleben, der als Verschmelzung mit nur noch einer, dafür bildlosen Gottheit gedeutet werden kann. Kein Wunder, dass die Texte, die solches ermöglichten, als besonders heilig erachtet und etwa in handgeschriebenen Schriftrollen verwahrt wurden.[1]

Und noch mehr: Wenn das Lesen selbst ständige Mitarbeit der rechten Gehirnhälfte erfordert, dann liegt auch die Erfahrung nahe, dass Gott die Mitwirkung des Lesenden am Textverstehen aktiv verlangt. Lesende und Texten verschmelzen stärker, „gehen miteinander mit".

---

[1] Rüdiger Vaas / Michael Blume: Gott, Gene und Gehirn. Warum Glaube nützt. Die Evolution der Religiosität, Stuttgart $^3$2011, S. 200 – 203.

Doch erst im Noahmythos setzte sich ein „konstitutionelles" Gottesverständnis durch. Gott wurde symbolisch vom Tyrannen zum konstitutionellen Monarchen, zum guten Hirten, ja zum vertrauenswürdigen Freund.

## Sem und der Rechtsstaat

Nicht mehr Willkür, sondern Recht sollte regieren – zwischen den Menschen untereinander, aber auch mit der Natur und mit Gott. Die Existenz des Bösen wurde nicht geleugnet, aber nur noch als Prüfung der Menschen, nicht mehr als verschwörerische Gegenmacht betrachtet.

Nach jüdischer Tradition begann niemand anderes als der erste Schriftgelehrte Sem, der Sohn Noahs, auf dieser Basis Recht zu sprechen. Die Zahl von sieben noachidischen Geboten findet sich schon im Talmud.[2]

So sollen alle Menschen als „Kinder Noahs"
1. keinen Götzendienst betreiben,
2. Gott nicht lästern,
3. nicht morden,
4. die Ehe achten,
5. nicht stehlen,
6. Tiere nicht quälen
und 7. einen Rechtsstaat errichten.

Lord Rabbi Jonathan Sacks erläuterte in einer Auseinandersetzung mit dem drohenden „Krieg der Kulturen": „Als Juden glauben wir, dass Gott einen Bund gestiftet hat mit einem einzigen Volk. Dies aber schließt nicht die Möglichkeit anderer Menschen, Kulturen und Glau-

---

[2] Yirmeyahu Bindmann: The Seven Colors of the Rainbow: Torah Ethics for Non-Jews, Colorado Springs 2000.

bensrichtungen aus, ihre eigenen Beziehungen zu Gott zu finden innerhalb des gemeinsamen Rahmens der noachidischen Gebote [...] Gott ist Gott der gesamten Menschheit, aber zwischen Babel und dem Ende der Tage ist kein Glaube der Glaube der ganzen Menschheit."[3]

Es sei also nach Noah und Sem eine gemeinsame Grundordnung – Rechtsordnung – geboten, auf deren Basis Menschen in kultureller, religiöser und weltanschaulicher Vielfalt zusammenleben können. Längst haben weitere, auch orthodoxe Rabbiner weltweit ausdrücklich mit Berufung auf Noah und Sem damit begonnen, andere Religionen wie das Christentum und den Islam positiver zu bewerten und für eine künftige Partnerschaft der Religionen für Frieden und Entwicklung auf noachidischer Grundlage zu werben.[4]

## Schrift, Zeit und Recht

Und nicht zufällig ergibt sich damit auch die enge Verbindung aus Semitismus und verschriftetem Recht. Nur zu schreiben, dass unser heutiges, auch säkulares Recht auch religiöse Wurzeln habe, übersieht noch den darüber hinaus gehenden, nie aufgelösten, medialen Zusammenhang: Schreibende richten sich immer an zukünftige Empfänger. Selbst wenn sie sich inhaltlich auf die Vergangenheit beziehen, so blicken Schreibende doch immer in die Zukunft, mitunter gar auf „die Nachwelt". Vor-digitales Schreiben bedeutet also immer auch: Aus Räumen der Ruhe heraus mit Empfängern zu kommunizieren, die erst in der Zukunft erreicht werden. Die Handschrift wirkt im Gegensatz zu den primären und tertiären Medien also als ein tendenziell „beru-

---

[3] Jonathan Sacks: The Dignity of Difference. How to Avoid the Clash of Civilizations?, London 2002, S. 55.
[4] Jehoschua Ahrens u.a. (Hgg.): Hin zu einer Partnerschaft zwischen Juden und Christen. Die Erklärung orthodoxer Rabbiner zum Christentum, Berlin 2017, S. 256.

higendes" und „in die Zukunft weisendes" Medium. Nur in der Schrifterfahrung, in der Vergangenheit, Gegenwart und Zukunft zusammenfallen, konnte eine bildlose Gottheit glaubwürdig als „Ich bin, der ich sein werde" (Ex 3, 14) vorgestellt werden.[5]

Dieser semitische Trend gilt selbstverständlich auch für Schriftgelehrte außerhalb der Religionen. Jede Richterin und jeder Richter – und seien sie auch noch so säkular, ja atheistisch – können nur dadurch Recht sprechen, indem sie Texte aus der Vergangenheit in die heutige Zeit und Zukunft hinein auslegen.

Gerade Verfassungstexte, aus denen sich die Wirkungsmacht von höchsten Gerichten ableitet, können nicht beliebig verändert werden, sollen aber gleichzeitig über Jahrhunderte hinweg in immer wieder völlig neue Situationen übersetzt werden. Selbst die allerklügsten Gesetzgeber haben keinerlei realistische Möglichkeiten, Antworten auf Fragen kommender Jahrzehnte und Jahrhunderte auch nur zu erahnen. Kein Wunder also, dass die Bestellung von Richterinnen und Richtern zu den politisch wichtigsten Aufgaben von Staaten gehört – und man Rechtsstaaten daran erkennt, dass sie eine sehr weitgehende Unabhängigkeit der Justiz gewährleisten.

Denn nur ein funktionierender Rechtstaat vermag gleichzeitig Ordnung und Freiheit aufrecht zu erhalten. Das symbolische Vorbild Sems nicht nur als Lehrer, sondern auch als in die Zeit wirkender Richter sowie das einzige, positive Gebot des Noahbundes – den Aufruf zur Errichtung von Gerichten auf Basis von schriftlich verfasstem Recht – gehören zu den vielleicht wichtigsten Beiträgen des Semitismus zu den Kulturen der Welt.[6]

---
[5] J. Sacks, a.a.O., S. 298.
[6] David Novak: The Image of the Non-Jew in Judaism. The Idea of Noahide Law. Littman Library of Jewish Civilization, Liverpool 2011.

## Die Gefahren des Anti-Semitismus

Antisemiten stehen im Gegensatz dazu: Denn sie verachten Formen textbasierter Justiz meist zutiefst und wollen bestehende, freiheitlich-liberale Gesetzestexte bis hin zu Verfassungen zugunsten eines vorschriftlichen und natürlich ebenfalls fiktionalen „Volkswillens" entweder verwerfen oder doch wenigstens radikal verändern. „Die Menschen wollen versklavt sein. Die können mit Freiheit nicht umgehen", erklärte beispielsweise ein – die Existenz der Bundesrepublik leugnender – „Reichsbürger" dem Journalisten Tobias Ginsburg seine Ablehnung der Menschenrechtsidee.[7]

Der Antisemitismus schöpft seine Rechtsvorstellungen aus der betrauerten Vergangenheit einer mythologisch als „rein" konstruierten „Rasse", die es so nie gegeben hat. Der Semitismus schöpft sein Recht dagegen aus Texten, die in eine hoffnungsvolle Zukunft ausgelegt werden, die es noch nicht gibt. Antisemiten fürchten das Kommende und wollen durch starke Führer vor als bedrohlich empfundener Vielfalt beschützt werden. Semiten dagegen hoffen auf die Zukunft und können daher auch ethnische, kulturelle, religiöse Vielfalt auf Basis einer gemeinsamen Rechtsordnung als bereichernd empfinden.

Noah und Sem stehen viel grundsätzlicher für das gesellschaftliche Zusammenleben, als Politik und Öffentlichkeit bekannt und bewusst war.

---

[7] Tobias Ginsburg: Die Reise ins Reich. Unter Reichsbürgern. Berlin 2018, S. 84.

*In die Zukunft*

*Oberkirchenrat Dr. Norbert Lurz*

*Schon in meiner Zeit im Kultusministerium ist mir das bibliorama als Ort des Lernens und der Begegnung sehr positiv aufgefallen. Unsere Kirche auch als Bildungsbewegung wird im bibliorama greif- und erlebbar. Als Teil der Landeskirche will ich mich gerne für dieses besondere Schatzkästlein einsetzen.*

# Verfasserinnen und Verfasser der Testimonials und Statements

Prälatin Gabriele Arnold
Christa Daniels, Museumsbegleiterin
Tabea Dölker, Mitglied der EKD Synode und der 15. Landessynode in Württemberg
Oberkirchenrat i. R. Werner Baur, Vorsitzender des Beirats der Württembergischen Bibelgesellschaft
Kirchenrätin i. R. Bärbel Hartmann, ehemalige Leiterin des Stift Urach
Oberkirchenrat Dr. Norbert Lurz
Prälat i. R. Ulrich Mack
Traudl Reichert, Museumsbegleiterin
Denise Remmele, Museumsbegleiterin
Dr. Christoph Rösel, Generalsekretär der Deutschen Bibelgesellschaft
Pfarrer Andreas Schäffer, Leitender Referent des CVJM Stuttgart
Martin Stephan, Museumsbegleiter
Pfarrer i. R. Klaus Sturm, ehemaliger Leiter der Deutschen und Württembergischen Bibelgesellschaft
Jochen Waldmann, Museumsbegleiter
Jürgen Wolf, Museumsbegleiter

# Bildquellennachweis

S. 25: Stelen am Empfang; Rechte bibliorama – Fotograf D. Schäfer
S. 30: Menschen begegnen biblischen Personen; Rechte bibliorama – Fotograf D. Schäfer
S. 33: Farbenfroh – der Johannesgarten; Rechte bibliorama – Fotograf D. Schäfer
S. 35: Passanten begegnen Eva; Rechte bibliorama – Fotograf D. Schäfer
S. 37: Holz für Maria, Johannes, Lene und Lukas; Rechte bibliorama – Fotograf D. Schäfer
S. 39: Flug der Gedanken; Rechte bibliorama – Fotograf D. Schäfer
S. 40: Martin Luther mischt mit; Rechte bibliorama – Fotograf H. Armbruster
S. 62: Bodenkarte des Heiligen Landes; Rechte bibliorama
S. 63: Lene – die erste Osterzeugin: Rechte bibliorama – Fotografin F. Stocker-Schwarz
S. 71: Logo „Im Anfang war das Spiel"; Rechte bibliorama – Design Anne Steinke
S. 77: Zu Sara: Linien der Wüste und Augenfalten; Rechte bibliorama – Fotograf H. Armbruster
S. 78: In Saras Zelt; Rechte bibliorama – Fotograf D. Schäfer
S. 80: Spuren im Sand; Rechte bibliorama – Fotograf H. Armbruster

# In dieser Reihe erschien u.a.

## Herkunft – Auskunft – Zukunft

Impulse des Reformationsjubiläums in Württemberg

Herausgegeben
von Christiane Kohler-Weiß

Spuren der Reformation findet man in Württemberg überall und in vielen Bereichen. Das Jahr des Reformationsjubiläums war ein buntes und reichhaltiges Jahr. Viele Menschen wurden durch reformatorische Entdeckungen, Gottesdienste, Projekte und Veranstaltungen im Jubiläumsjahr verändert. Sie wurden herausgefordert, gestärkt, überrascht, beglückt.

Dieses Buch versucht die Frage zu beantworten, ob wir und unsere Kirche durch das Reformationsjubiläum verändert wurden und wo wir durch den Rückblick auf unsere Herkunft Impulse für unsere Gegenwart und Zukunft bekommen haben.

Autorinnen und Autoren dieses Buches teilen ihre Erfahrungen mit, um andere durch ihre Erfahrungen zu ermutigen, zu inspirieren und zum Nachmachen zu motivieren.

Andere Autoren haben zu diesem Band wichtige theologische Reflexionen beigetragen. Sie zeigen, dass die Reformation eine theologische Bewegung ist und bleibt.

Erhältlich im Buchhandel.
ISBN 978-3-945369-65-4